SNEAKER

Originaltitel: *Sneakers*

© 2023 Librero IBP (für die deutsche Ausgabe)
WWW.LIBRERO-IBP.COM

© 2022 Welbeck, ein Imprint von Welbeck Non-fiction Limited, Teil der Welbeck Publishing Group, London und Sydney.
www.welbeckpublishing.com

Texte, Design und Layout © Welbeck Non-Fiction Limited 2003, 2005, 2008, 2015, 2017, 2022
Zuerst erschienen bei Carlton Books in 2003

Produktion der deutschen Ausgabe:
Buchmanagement: iMport/eXport, Emden
Übersetzung: Anne Döbel (für iMport/eXport), Aurich
Lektorat: Anika Seemann, Emden

Printed in China

ISBN: 978-94-6359-513-1

Alle Rechte vorbehalten. Kein Teil des Werkes darf in irgendeiner Form (durch Fotografie, Mikrofilm oder ein anderes Verfahren) ohne schriftliche Genehmigung des Verlages reproduziert oder unter Verwendung elektronischer Systeme verarbeitet, vervielfältigt oder verbreitet werden.

Bei der Zusammenstellung der Texte und Abbildungen wurde mit größter Sorgfalt vorgegangen. Trotzdem können Fehler nicht vollständig ausgeschlossen werden. Verlag und Autor können für fehlerhafte Angaben und deren Folgen weder juristische noch irgendeine Haftung übernehmen. Für Verbesserungsvorschläge und Hinweise auf Fehler sind Verlag und Autor dankbar.

SNEAKER

MEHR ALS 300 MODELLE – VON VINTAGE

BIS ZU DEN NEUESTEN TRENDS

NEAL HEARD

Librero

INHALT

	Vorwort	6
	Einleitung	8
1	SNEAKER TRIBES	10
2	HALL OF FAME	32
3	BIG PLAYERS	84
4	WEITERE SPIELER	252
5	FASHION FUSION	320
6	KOOPERATIONEN	330
7	TRAURIG, VERRÜCKT ODER SCHLIMM	366
8	ZURÜCK IN DIE ZUKUNFT	384
9	LO-FI VS HI-FI	418
10	SAMMELN	448
11	DIE NÄCHSTE GENERATION	458
	Quellen & Sites	474
	Index	476
	Mitwirkende	478
	Danksagung	480

VORWORT

NEAL HEARD

Ich liebe Sneaker. Habe ich immer schon und werde es auch immer. Ich bin als fußballverrückter Teenager Anfang der 1980er Jahre aufgewachsen – hatte ich da eine Wahl? Es war fast schon Pflicht, seine Schuhe zu lieben.

Mir wurde das große Glück zuteil, dass sich ein Großteil meines Arbeitslebens um Sneaker dreht. Was als Hobby mit anderen begann – die Suche nach alten Deadstock Schuhen, die nicht mehr herausgebracht werden –, wurde zum Vollzeitjob.

Nachdem ich vom Ladenbesitzer zum Exporteur geworden war, schien der nächste logische Schritt eine Website zu sein. Und während all diese Schuhe vor meinen Augen vorbeizogen, war es für mich das Schönste, die Originalkataloge zu sammeln – neben den Schuhen natürlich. Jahrelang sammelte ich von den Schuhen, die wir zu Gesicht bekamen, so viele Fotos, wie ich konnte, und katalogisierte sie. Die Zahl der Namen und Modelle steigerte sich immer mehr. Die Idee, daraus ein Buch zu machen, wurde zu einem Projekt, auf das ich meine ganze Freizeit verwendete.

Ein Buch über Sneaker – das wollte ich schon seit Jahren umsetzen. Wie viele andere Sportschuhliebhaber entwickelte ich die Angewohnheit, jeden Artikel, der sich mit den Schuhen und ihrer Kultur befasst, aufzuheben. Fast wie besessen konnte ich nie genug davon bekommen. Dennoch habe ich nicht vorausgesehen, dass die Beliebtheit von Sportschuhen praktisch ins Grenzenlose gehen würde und wurde davon überrascht. Noch überraschender fand ich, dass es trotz des allgemeinen Hungers nach allem, was mit Sportschuhen oder Sneakern zu tun hat, kaum etwas darüber zu lesen gab. Erst seit sehr kurzer Zeit sind die Marken sich ihrer eigenen Geschichte und Geschichten bewusst geworden und stellen Informationen aus ihren Archiven zusammen.

Ich dachte, ich hätte eine ziemlich einfache Aufgabe vor mir. Das Buch sollte über Sportschuhe sein und so viele Fotos wie möglich von seltenen und gesuchten Modellen enthalten. Und ich wollte, dass es auch etwas für „normale" Menschen wird, die die Schuhe ihrer selbst wegen lieben. Am Ende hat die Fertigstellung wirklich lange gedauert und war sehr aufwendig, und ich möchte vielen Menschen danken, ohne deren Hilfe es nichts geworden wäre. Besonderer Dank geht an Helen Sweeney-Dougan für ihren enormen Input, ihre Kontakte und ihre Schuhe. Ebenfalls großer Dank geht an die Sammler Robert Brooks und Jeremy Howlett. Bezüglich all der anderen Sammler, die ihre hochgeschätzten Schuhe für Fotos zur Verfügung gestellt haben, und derjenigen, deren Fachwissen einige Kapitel bereichert, verweise ich auf die Seiten der Beiträge.

Ich kann nur hoffen, dass ich dem faszinierenden Thema gerecht geworden bin und Ihnen gefällt, was Sie sehen, welcher Marke auch Ihr Herz und Ihre Loyalität gehören mag.

Lesen und genießen Sie!

EINLEITUNG

Das erste Mal vergisst man nie. Diese alte Weisheit passt hervorragend auf meine Gefühle, als mich zum ersten Mal der Anblick von Sportschuhen umhaute – es war ein Paar adidas ZX250s.

An einem düsteren Winternachmittag stolperte ich über dunkle, enge Seitenstraßen zum geheiligten Rasen meines Fußballplatzes, als ich sie inmitten der vielen Jungs, die stolz wie die Pfauen umherstolzierten, sah. Es traf mich direkt. Willkommen in der Welt der Sneaker-Sucht!

Es ging etwas Hypnotisches von ihnen aus: Die Farben, das Logo, das glänzende Nylon, das kontrastierende Wildleder – und später auch der Karton – schlugen eine Saite tief in mir drin an. Diese Sportschuhe waren nicht nur dafür gemacht, in ihnen zu rennen oder einen Ball zu treten, sie waren mehr. Sie waren Objekte der Sehnsucht, der Schönheit … ich musste sie besitzen. Seitdem halten Sneaker mich gepackt – mit einem Griff, der heute noch so fest ist wie damals.

Es war in den frühen 1980er Jahren in Großbritannien, der Zeit der Fußball-Casuals, als Sportschuhe den Zenit ihrer Bedeutung in der britischen Jugendkultur erklommen hatten. Ich folgte dem Beispiel der älteren Jungs im Lande, die seit den späten 1970ern Zeichen außerordentlicher Besessenheit mit den einst so schlichten Trainingsschuhen zeigten.

Eine ähnliche Besessenheit hatte sich in anderen Jugendkultur-„Stämmen" breitgemacht. Zur gleichen Zeit entdeckten die afroamerikanischen Kids in New York City den Hip-Hop und erklärten Sneaker zum „Must-Have", zu etwas, was nicht fehlen durfte bei denen, die etwas auf sich hielten. Die Bezeichnung für diese Art Schuhe mag in den verschiedenen Teilen der Erde voneinander abweichen, aber die Liebe zu ihnen ist dieselbe. Trainer, Sneaker, Kicks, Turnschuhe, Plimsolls, Laufschuhe, Hallenschuhe

– unter welchem Namen wir sie auch kennen, sie haben an Bedeutung weit jenseits sportlicher Zwecke gewonnen. Man findet sie nicht nur auf Sportplätzen oder Laufbahnen, sie sind zu Kleidungsstücken kultureller Bedeutung geworden, die Gefühle von Liebe und Besessenheit hervorrufen. In einigen Fällen sogar Aggressionen. Anders als beim sprichwörtlichen Buch und seinem Einband lassen sich Menschen sehr wohl anhand ihrer Sneaker beurteilen.

Heute sind Sneaker überall zu sehen und werden von jedermann getragen – und das meine ich wörtlich. In jedem Schrank, ob der eines Rentners oder eines Kindes, findet sich mindestens ein Paar. Das war selbst in den zeitlich nicht weit entfernten frühen 1970er Jahren nicht der Fall. Bis dahin wurden Sportschuhe hauptsächlich von Sportlern getragen – wegen ihrer Bequemlichkeit und um die sportliche Leistung zu steigern.

Sicher trugen amerikanische Kids in den 1950er Jahren Sportschuhe, sie hatten die Converse All Stars zum Teil ihrer Uniform gemacht. Und in Großbritannien trugen modebewusste Mods in den „Swinging Sixties" ihre Spring Courts. Allerdings war die Anzahl der Träger verschwindend gering, verglichen mit den heutigen Zahlen.

Die Absicht hinter dem Buch ist, dass es als Quellensammlung dienen soll, die der Entwicklung der Sportschuhe von Anfang an nachspürt. Ihre technischen Verbesserungen und ihr kultureller Wert werden beleuchtet. Es reicht bis in unsere Zeit hinein. Die marktbeherrschenden Unternehmen werden vorgestellt, aber auch die kulturellen Aspekte der Sneaker und der Aufstieg der einst bescheidenen Trainingsschuhe.

Mehr als alles andere soll das Buch eine Hommage an den Sportschuh sein. Vermutlich finden sich einige Fehler darin, aber ich hoffe, dass es mir dennoch gelungen ist, die Magie einzufangen. Schließlich geht es ausschließlich um Schuhe.

SNEAKER TRIBES
EINLEITUNG

Ist es nicht seltsam, dass wir gar nicht mehr daran zu denken scheinen, dass die Sneaker an unseren Füßen untrennbar mit sportlichen Zwecken verbunden sind? Sportschuhe sind so beliebt und allgegenwärtig, fast wie ein uraltes Werkzeug unserer Vorfahren, dass wir vergessen, wofür sie ursprünglich gedacht waren.

Wenn Sie die Trimm Trabs von adidas tragen, sollen Sie mit ihnen fit bleiben. Erzählen Sie mal „Mode"-Angebern, dass ihre Nike Dunks nach einem Spielzug beim Basketball benannt wurden oder ihre Farbgebung die eines amerikanischen Universitäts-Basketballteams ist. Die Schuhe wurden für den Sport entworfen und obwohl wir unsere Sportschuhe fast überall tragen, kommen sie meist nicht einmal in die Nähe eines Laufstadions oder Sportplatzes. Sie beherrschen die Straße, Tanzflächen oder Fußballtribünen. Und obwohl wir alle sie tragen, ist es der Wert, den sie durch verschiedene Jugend-„Tribes" erhalten, der sie zu dem heutigen Phänomen macht, das sie darstellen.

Die Tribes (Gruppen) drücken mit Sportschuhen ein Statement oder eine Zugehörigkeit aus. Schuhe gibt es in schier unendlichen Designs und Farben und verdächtigem Branding, dem es anhaftet, die Tribes praktisch schon eingebaut zu haben. Ohne die anfängliche Aneignung durch die Tribes würden sie heute nicht so erfolgreich sein in Hinsicht auf ihre weltweiten Verkäufe. Die Sportschuhhersteller schulden den Tribes ein riesengroßes Dankeschön.

Die nächsten Abschnitte über Casuals, Hip-Hop und Skate beleuchten die „Sneaker-Tribes", die einen besonderen Effekt auf die Verkäufe und Entwicklungen von Sneakern hatten.

Daneben gibt es auch andere Gruppen, die L. A.-Gangs oder die Kids in den 1950ern, die als erste Converse Chucks trugen, aber die folgenden drei veränderten die Welt.

Ungeachtet dessen, wie beeindruckend oder wichtig diese drei Tribes sind, bei der Sportschuhkultur geht es nicht nur darum, zurückzublicken. Die Dinge entwickeln sich weiter, ständig entstehen neue Tribes und wollen gesehen werden.

Zwar ist es ein Leichtes, sich über diejenigen lustig zu machen, die Schuhe außerhalb des eigenen „Dunstkreises" tragen und ein wenig Besessenheit entwickeln, aber ich hoffe, Sie gehen mit offenen Augen an die Sache heran.

RECHTS Eine Schaufensterauslage aus alten Tagen

GEGENÜBER Alles eine Frage der Haltung – als „Old Skool" die „New Skool" war.

BEIDE FOTOS © Jamel Shabazz

SNEAKER TRIBES 13

DIE CASUALS

OBEN Fußball-Fans in voller Lautstärke auf den Stehplätzen im Stadion

Zu dem ersten Eintrag in unserem Kapitel über Sneaker Tribes sind vielleicht einige Erklärungen nötig, speziell für diejenigen, die nicht in Großbritannien leben. Die Casuals, eine landesweite Bewegung, die etwa zehn Jahre Bestand hatte, war die Gruppe, die vermutlich am krassesten und zweifellos am wichtigsten für Sportschuhe war.

Irgendwie schlüpften die Casuals unter dem Radar der Londoner Journalisten durch. Wie viele andere Stadt-Tribes hatte auch dieser seine Anfänge in Arbeitergegenden, dieser speziell in den Zuschauerrängen der örtlichen Fußballteams. Wo genau diese Szene in Großbritannien entstand, ist nicht eindeutig geklärt, in den späten 1970ern wurden in Liverpool die „Scallies" geboren, Manchester hatte seine „Perries" und London seine „Chaps". Sie wurden später unter dem Oberbegriff „Casuals" zusammengefasst.

Die Casuals waren meist Gruppen aus jungen Männern, die sich ihren örtlichen Fußballplätzen verbunden fühlten. Sie kleideten sich betont lässig und sportlich in unterschiedlichen Erscheinungsformen und sie beschäftigten sich auf etwas besessene Art mit Sportschuhen, um es milde auszudrücken.

Hoffentlich habe ich damit der Behauptung, die UK-Sportschuhkultur hätte erst in den späten 1980er Jahre begonnen, ein Ende gesetzt. Und nun reiche ich den Stift weiter an die, die diese Geschichte besser erzählen können. Viel Spaß beim Lesen!

LANGHAARIGE (ADIDAS-) LIEBHABER AUS LIVERPOOL VON JOHN CONNOLLY

Wie die meisten Modeerscheinungen kam das Tragen von Sportschuhen als Fashion Statement nur zufällig über uns. Ehrlich gesagt, haben Menschen Sportschuhe immer schon aus Gründen getragen, die mit Sport nichts zu tun hatten. Alte Aufnahmen von *Starsky und*

Hutch zum Beispiel zeigen Starsky, der die bösen Jungs in adidas Dragons verfolgt. Beim Finale der Europameisterschaft 1977 in Rom sah man Fans, die Schlaghosen von Flemings trugen, karierte Hemden von Levi's und Gola Cobra Sportschuhe. Nur wenig später trugen viele Fans in Anfield (Liverpools Fußballstadion) und Goodison Park (Evertons Heimspielstätte) viel engere Großvaterhemden und adidas Sambas (oder die preisgünstigeren Bambas und Mambas). Was als ungewöhnlicher Trend begann, überflutete bald die Straßen von Liverpool.

Für die meisten Kids waren Kicks die ersten adidas-Schuhe. Aber die neue Welle der modebewussten Jugendlichen nahm sie nicht wirklich ernst. Mein eigenes erstes Paar von adidas war der klassische 1970er-Jahre-Laufschuh TRX. Sie wurden nicht aus modischen Gründen, sondern fürs Laufen gekauft. Als ich dann sah, wie

Der frühere Fußball-Casual Kerso inmitten seiner unglaublichen Sportschuhsammlung. Wie viele Sneaker-Fans ist er nicht wirklich ein Sammler, nur jemand, der seine Schuhe liebt. Die auf dem Foto stehen stellvertretend für Modelle, die die Casuals am liebsten trugen, etwa aus der City-Serie, Trimm Trabs und verschiedene adidas- und Diadora-Modelle, darunter der Elite.

SNEAKER TRIBES 15

ältere Jungs, die sich auskannten, ihre adidas-Schuhe trugen, wurden sie zum Kern meiner Garderobe.

Viele der adidas-Sportschuhe wurden von Liverpoolern auf Reisen in andere europäische Länder „erworben". Zum Glück für die reisenden Fans lagen damals Schuhe in den meisten Läden in Paaren aus. Viele Männer zogen durch Europa, um sich die Schuhe zu besorgen, die es in Liverpool nicht gab. Das löste eine wahre Schatzsuche aus, die einem jungen adidas-Einkäufer in Liverpool namens Robert Wade Smith nicht verborgen blieb.

Wer zu jung (oder zu pleite) war, um durch Europa zu reisen, für den war der beste Ort in Liverpool das Sport-Outlet von Wade Smith im Top Man Geschäft. Nachdem er 1980 die Frankfurter Sportmesse besucht hatte, wollte Wade Smith in der Liverpooler Niederlassung von Top Man adidas Forest Hills anbieten. Adidas bestand auf einer Abnahme von 500 Paaren, die aber an den Laden am Oxford Circus in London gingen und von denen nicht ein einziges verkauft wurde. Schuld sollte der hohe Preis sein, aber Wade Smith wusste es besser. Er ließ die unverkaufte Ware nach Liverpool schicken und setzte sie in einen Sonderverkauf, der Anfang Dezember 1980 begann. Bis Weihnachten waren alle Paare verkauft.

Danach machte er sich selbstständig. 1982 wurde Wade Smith als kleines Ladenlokal gegründet, das ausschließlich adidas-Schuhe verkaufte. Er hatte die vermutlich weltweit größte Auswahl an adidas-Sportschuhen an einem Ort und bot seltene Importe aus Deutschland, Frankreich, Österreich, der Schweiz und den Niederlanden an. Immer noch reisten gewiefte Menschen durch Europa auf Beutezug, aber die Eröffnung von Wade Smith löschte den Durst vieler Sneaker-Abhängigen.

Es gab auch andere erfolgreiche Modelle zu der Zeit, darunter Argentina und G Vilas von Puma, den Borg Elite von Diadora – ein Kultklassiker – und den Velcro Klettverschluss von Patrick und Donnay. Dennoch blieb adidas die Marke der Wahl. Grund waren einige Schlüsselfaktoren: das größte Sortiment, die beste Verarbeitung und, am wichtigsten, sie sahen am besten aus.

Ende der 1980er Jahre erreichten immer mehr Spezialschuhe Casual-Kultstatus. Tennisschuhe von adidas wie der Wimbledon, der Grand Prix und der Grand Slam wurden unverzichtbar. Beliebt waren die Laufschuhe Adistar, Marathon und Oregon. Adidas führte Sortimente für jede Sportart. Es wurden Schuhe für obskure Sportarten wie Handball oder Kegeln produziert. Sogar den Allwetter-Golfschuh Is Molas trugen einige wenige. Allerdings wurden die Sneaker stärker begehrt. Jogger, Jeans und jedes Modell der City Serie wurden

zu Must-Haves genauso wie die phänomenalen Kult-Sneaker Tenerife, Palermo und Korsika. Der Trimm Trab, der 1982 auf den Markt kam, machte in Wade Smiths erstem Geschäftsjahr 80 Prozent des Umsatzes aus. Nostalgische Käufer erinnern sich wahrscheinlich allein schon wegen der enormen Verkaufszahlen am liebsten an den Trimm Trab. Die Form und die Sohle des Trimm Trab wurden in die neue City Serie von adidas aufgenommen.

Weitere Läden in der Stadt wollten sich an dem Geschäft beteiligen. Mc Sports, Whittys und Goldrush machten hervorragende Umsätze mit Sportschuhen. Dann fielen Reebok, New Balance und Nike in die Liverpooler Sportschuh-Szene ein. Nike punktete stärker als andere und fasste Fuß mit Laufschuhen wie dem Yankee, Intrepid

LINKS Die berühmten adidas Jeans und Puma Wimbledon

und Internationalist. Nikes Tennisschuhe Wimbledon und Bruin fanden in Liverpool viele Liebhaber. Heute klingt es seltsam, aber damals war Nike eine Marke zweiter Klasse.

Von adidas kamen auch weiterhin die überragenden Sportschuhe, die sich von Anfang bis Mitte der 1980er größter Beliebtheit erfreuten. Columbia, Harvard und Galaxy waren ihrer Konkurrenz Lichtjahre voraus. Die Laufschuhe New York, Dallas und Waterproof sahen aus, als seien sie dafür gemacht, dass Astronauten mit ihnen um das Meer der Ruhe joggen. Für mich war die frühe ZX-Modellreihe von adidas die letzte der großartigen Originale. Nach 1985 überschwemmten billig aussehende Schuhe mit großen Plastikzungen den Markt, möglicherweise durch eine Fast-Food-Einstellung beeinflusst, bei der die Quantität über der Qualität stand. Obwohl adidas auch weiterhin einige ordentliche Sportschuhe herstellte, war die City Serie Geschichte und die neuen Tennisschuhe hielten dem Vergleich mit den früheren Meisterwerken nicht statt. In den späten 1980er Jahren wurden die Tennis- und Trainingsschuhe von Reebok zum absoluten Muss unter den Sportschuh tragenden Liverpoolern.

IM REST DES LANDES VON SHAUN SMITH

Als der Wahnsinn mit den drei Streifen Liverpools Merseyside in den späten 1970er Jahren ergriff, schwappte er auch auf die Rivalen in Manchester über, die sich in die Fremde aufmachten, um die seltenen Exemplare und – genauso wichtig: mit Benetton auf der Einkaufsliste – in den Geschäften zu kaufen oder „zu besorgen". Der Look unterzog sich ständig schnellen, regionalen Veränderungen, die Konstante dabei war der Sportschuh. Das traf auf den „lustigen Cockney", der in Nike Wimbledon und ausgefransten Lois Jeans durch die Holloway Road

OBEN Casuals der Anfangszeit aus dem Londoner East End

schlenderte, wie auf den „DLF-Typen" in smaragdgrünen Fila Bj und Diadora Borg Elite zu oder auf den „Manc", der mit gemäßigten Schlaghosen, die über adidas Dublins hingen, über den Vorplatz des Old Trafford stromerte. Auch heute erkennt man die Fußballfans alten Schlags an ihrem allgemeinen Benehmen und ihren Schuhen.

Am Sportschuh erkannte und erkennt man, ob jemand wirklich „in Ordnung" ist. Mit dem falschen Schuh am Fuß reißt Sie keine Stone Island-Jacke oder coole Hausparty wieder raus. Mit dem richtigen Schuh kommt der Erfolg.

Ende der Beweisführung.

Wenn es um die Ästhetik eines Sportschuhs geht, kann es sein, dass Schönheit im Auge des Betrachters liegt?

Ich fürchte, nein. Das ist doch aber auch leicht zu erkennen. Nicht? Okay, ein schneller Test. Wählen Sie zwischen Puma Sprint und Puma States. Reebok Instapump oder Reebok Tennis Classics. Nike Air Max oder Nike Internationalist. Adidas Galaxy oder adidas Boston. Wenn Sie jeweils den erstgenannten Schuh bevorzugen, sind Sie vermutlich unter dreißig Jahre alt, entdeckten Fußball während der EM von 1996 und sollten besser dringend Ihren Optiker aufsuchen. Haben Sie sich für den zweiten Schuh entschieden, sind Sie wahrscheinlich älter als dreißig und bekommen noch immer feuchte Augen, wenn Sie an die Cerruti 1881 Velours-Trainingsjacke denken.

Im Gegensatz zum allgemeinen Glauben kann Sneaker-Stil nicht gekauft werden – alles Geld der Welt würde nicht reichen.

Wie Bing Crosby und Dean Martin in *Sieben gegen Chicago* schmachteten:

„Entweder du hast Stil oder du hast eben keinen."

RECHTS Adidas Dublins

DIE GANGS VON NEW YORK, HIP-HOP & SNEAKER

**TEXT UND FOTOS VON
CHARLIE AHEARN**
VON *WILD STYLES* UND *YES YES Y'ALL*

In den 1970ern war New York City pleite, die Annehmlichkeiten für Bürger wurden gekürzt, das Sozialwesen lag am Boden. Die Gangs markierten auf den Straßen Mauern, um ihr Territorium abzustecken. Dann begannen einzelne Personen, ihre Namenszüge auf U-Bahn-Waggons zu sprayen und zogen durch die ganze Stadt im All City Stil. In der isoliertesten und ärmsten Nachbarschaft, der South Bronx, wollte DJ Kool Herc seine B-Boy-Dancer damit erfreuen, dass er Mitte der 1970er die Technik entwickelte, den Drum-Break etwa eines

LINKS Frosty Freeze flippt für Rock Steady Crew – eine Szene aus *Wild Style*.

James Brown-Songs als Dauerschleife einem anderen unterzulegen, um so einen neuen, superheißen, schlagenden Sound zu erhalten. DJ Afrika Bambaataa formte die riesige Blade Spades Gang in die The Mighty Zulu Nation um, deren Mittelpunkt DJ Partys und afrikanisch-orientierte kulturelle Events waren. Grandmaster Flash experimentierte, um seine Schneidetechniken zur Perfektion zu bringen und animierte seine Breakdancer dazu, ihren Stil am Mikrofon auszuprobieren, was zur Gründung der The Furious MCs führte. Hip-Hop war geboren.

In der Bronx sprangen die jüngeren Kids auf den neuen Stil an. Ein junger Breakdancer stellte sich als DJ Casanova Fly an die Plattenteller und entwickelte sich zu einem der größten MCs, zum The Grandmaster Caz of The Cold Crush Bros. Sein High-School-Kumpel Prince Whipper Whip lernte bei ihm das Rappen und schloss sich dann den The Fantastic Five MCs an, die die Hauptrivalen von Cold Crush waren. Später wollten einige jüngere Kids die vergessene Kunst des B-Boying (Breakdance) wiederbeleben und riefen The Rock Steady Crew mit Crazy Legs, Ken Swift, Frosty Freeze und anderen erneut ins Leben.

OBEN Ein U-Bahn-Waggon nach kompletter, spektakulärer „Überarbeitung" durch die Graffiti-Legende Futura, 1981.

Um das Jahr 1980 herum begann ich eine Zusammenarbeit mit Fab 5 Freddy für eine Dokumentation der Szene. Der Film *Wild Style* sollte Hip-Hop feiern. Zwanzig Jahre später erzählte eine ähnliche Gruppe Hip-Hop-Pioniere mit *Yes Yes Y'all* ihre Geschichte mit Fotos und einem Flyerbuch.

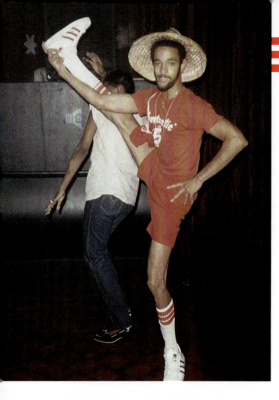

OBEN Whipper Whip 1981. Beachten Sie die Streifen auf den Bronx-Socken, die auf die adidas-Streifen abgestimmt sind.

Prince Whipper Whip gehörte zur Original-Besetzung der Fantastic Five MCs, die das Basketballspielfeld, die Clubszene und das Amphitheater in *Wild Style* gerockt haben. Auf die Frage, was er damals trug, sagt er: „Yo, The Fantastic Five machten immer Eindruck – mit adidas. Das mache ich heute noch. Sie haben versucht, mit ihrer kommerziellen Version der gepolsterten Zunge zu landen, sind dann aber doch zum Original aus Leder zurückgegangen."

Das Foto (links) wurde im Sparkle aufgenommen, einer der Kool Herc-Locations in der Bronx. Whip führte auf der Tanzfläche einen Kung Fu-Tanz auf: „Ich habe immer Kampfsport gemacht. Mein Vater war Kung Fu-Lehrer. Und adidas perfekt fürs Training – leicht und haltbar."

Wenn sie so haltbar sind, warum brauchst du dann so viele? Whip lacht: „Wie Nelly sagt: ‚Wenn jemand draufgetreten ist, brauchst du ein neues Paar.'" Das andere Foto zeigt Grandmaster Caz (Kopf der legendären Cold Crush Bros) kurz vorm Punkten. Das Bild entstand auf demselben Platz wie die berühmte Basketballszene in *Wild Style*.

Caz erinnert sich: „Ich trug meine weißen adidas mit den grünen Streifen, die zum Shirt passten. Ich habe mein Outfit immer aufeinander abgestimmt."

Im Herbst 1980 arbeiteten wir an *Wild Style* und Caz nahm mich mit zu sich an den Creston Boulevard, wo er mit seiner Mutter lebte (nur zwei Blocks entfernt vom Basketballplatz, auf dem wir den Film drehten). Caz wollte mir seine beiden Sammlungen zeigen. Zuerst breitete er ein Dutzend schwarz-weiß-marmorierte Schreibhefte auf dem Bett aus, die Art, die wir alle in der Schule benutzten. Sie waren gespickt voll mit Caz' Reimen in seiner ordentlichen Handschrift. Caz ist einer der größten

Lyriker des Hip-Hops und da lag der Beweis.

Dann öffnete er den Schrank und zeigte mir einen Stapel Schuhkartons, der vom Boden bis zur Decke reichte, alle in makellosem Zustand, alles adidas oder Puma. Er öffnete sie liebevoll auf dem Bett und präsentierte die Schuhe wie Schmuck, meist weiße adidas. „Ich habe nie Schwarz getragen." Kein Schuh hatte irgendwelche Anzeichen, dass er je getragen worden war.

„Als ich jung war, ging ich auf eine katholische Schule", erklärte Caz. „Wir mussten jeden Tag feste Schuhe tragen. Jeden Tag! Sogar beim Sport. Als ich da raus war, gab es nur noch Sneaker. Seitdem bin ich süchtig nach ihnen."

LINKS Einer der ersten Hip-Hop-DJs, Grandmaster Caz beim Basketball

„MY ADIDAS" UND ICH

ADIDAS & RUN DMC

Wie wir wissen, gehörten Hip-Hop und Sneaker von Anfang an ganz eng zusammen. Eine Band stach allerdings besonders wegen ihrer Liebe zu adidas-Sneakern hervor. Die Band war Run-DMC. DMC waren bei Weitem nicht die Einzigen im Hip-Hop-Zirkus, die auf die Sneaker-Kultur abfuhren, aber sie waren die Ersten, die ihre Liebe offen durch ihre Musik verkündeten. DMC hatten einen gewaltigen und anhaltenden Effekt auf die Jugendkultur, noch wichtiger war, dass den Herstellerunternehmen durch sie bewusst wurde, wie sehr die Stadtjugend an ihren Sportschuhen hing.

Run-DMC schreiben sich auf die Fahne, einen Umbruch in den Annalen der Markengeschichte von Sportschuhen verursacht zu haben: Sie waren die ersten Nicht-Athleten, die von einem Sportschuhhersteller gesponsert wurden. DMC hatten schon lange der Hip-Hop-Obsession für Schuhwerk gefrönt und wollten der Welt ihre Gefühle über einen Song erklären. Die Single „My Adidas" wurde ein kommerzieller Hit und weckte etwas in dem Unternehmensgiganten adidas.

Eine Entscheidung, die heute naheliegend wäre, war damals schwierig: Konnten Hardcore-Rapper tatsächlich Botschafter für adidas sein? Diese Debatte spaltete beinahe das Unternehmen. Um sich ein Bild zu machen, konnten einige adidas-Mitarbeiter dazu gebracht werden, die Band in Aktion zu beobachten. Sie besuchten ein Konzert von Run-DMC – genauer gesagt, war es das Konzert ihrer Raising Hell Tour

RECHTS „My Adidas": Run-DMC zeigen ihre Wahl, wenn es um Schuhmarken geht.

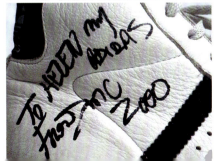

in Philadelphia, das sie gemeinsam mit den Beastie Boys gaben.

Mit einem einzigen Showteil stimmte Run-DMC die deutschen Gäste um. Bevor sie ihre letzte Single anstimmten, riefen sie dem Publikum zu: „Jeder, der adidas trägt, hält sie in die Luft." Zum Erstaunen der Unternehmensgäste taten das die meisten der 25.000 Besucher.

Das Unternehmen adidas entschloss sich auf der Stelle, Sponsor von Run-DMC zu werden und ließ maßgeschneiderte Bühnenkleidung für die Band anfertigen. So entstand der heute legendäre schwarze Run-DMC-Trainingsanzug. Im folgenden Jahr stieg der Umsatz auf dem US-Markt um 35 Millionen Dollar.

Run-DMC werden nicht nur für diesen kommerziellen Erfolg ewig mit Sneakern assoziiert werden. Als sie ihrer tiefen Liebe Ausdruck gaben, sprachen sie für eine ganze Generation.

OBEN Limited Edition adidas Shell-toes waren eine Hommage an den verstorbenen Jam Master Jay mit seinem Gesicht auf der Lasche.
LINKS Adidas Pro-Modelle, unterschrieben von dem verstorbenen Bandmitglied Jam Master Jay.

DIE SKATER STORY

AARON HAWKINS

Skateboarden ist eine individuelle, athletische Kunstform. Inspiriert durch Stil und die Freisetzung radikaler Energie, überwiegend während der rebellischen Jahre und bei denen, die diesen Funken nie verlieren, auftretend, sind Skateboarder die heutigen Guerillakämpfer der städtischen Betonschluchten. Sie brauchen gute Schuhe, um zu überleben.

In den frühen 1970er Jahren kosteten die „Deckschuhe" von Vans nur 6 Dollar pro Paar. Skateboarder verbrauchten aufgrund der sportlichen Belastung eine Menge Schuhe. Neben Vans wurden Sperry Top Sider, Converse Jack Purcells und Chuck Taylors und Keds Casual Sneaker getragen. Beim Skaten nutzten die Schuhe stark ab und mussten alle paar Wochen ersetzt werden. Ihr kurzes Leben machten den Preis der Schuhe beinahe so wichtig wie ihre Haftung. Vans war zu der Zeit eine kleine Marke für Menschen, die ihre Jugend hinter sich gelassen hatten. Alle Produkte wurden in einer winzigen Fabrik in Südkalifornien hergestellt. Verkauft wurden sie in nur wenigen Läden in der Gegend.

Für nur einen Dollar extra konnten Kunden den Stoff und die Farbe der Schuhe auswählen. Original Z-Boy Wentzle Ruml gehörte zu den ersten mit einem eigenen zweifarbigen Stil, speziell die Kombination aus Marineblau und Rot. Sie schlugen in der Westside von L. A. bei der Dogtown Crew und ihren Bewunderern sofort wie eine Bombe ein. Es wurde cool, sich bei Vans Spezialanfertigungen machen zu lassen.

Fellow Z-Boy Tony Alva erlangte zu der Zeit weltweite Berühmtheit. Als in Skateboard-Zeitschriften Fotos von ihm in seinen Vans auftauchten, profitierte der Hersteller natürlich enorm davon. Viele der anderen Dogtown-Skater, aber auch andere Berufsskater trugen damals Vans in ihren eigenen Farben.

Irgendwann setzte sich Vans mit dem professionelleren Z-Boy Stacy Peralta zusammen und entwickelte mit ihm einen Schuh speziell für Skater. Das war ein Schritt in die richtige Richtung, aber dann machte das Unternehmen alles kaputt, weil sie ihre Preise um mehr als das Dreifache anhoben. Sie wurden dennoch wegen ihrer Eigenschaften zu Zehntausenden verkauft. Skateboarden erreichte damals den bis heute höchsten

GEGENÜBER Paul Constantineua rockt seine zweifarbigen Vans 1976 in der berühmten Dog Bowl.

OBEN Evolution der Skater-Schuhe: Chucks, Vans und moderne DC Manteca

Auftrieb, aber bei den gestiegenen Preisen realisierten die Kids, dass sie so viel Geld dafür ausgeben mussten, dass sie sich genauso gut bei anderen Marken dieser Preisklasse umsehen konnten, etwa bei Nike. Nike erkannte das Potenzial und stattete Alva mit seinen ersten Blazers aus. Sie wurden, zusammen mit anderen stark gepolsterten knöchelhohen Basketballschuhen, sehr beliebt bei denen, die sich auskannten.

Das Gros der wachsenden Vertikalrampen- und Skatepark-Benutzer blieben ihren Converse Chuck Taylors treu und ihren auffälligeren Vans-Modellen. Die beliebtesten Vans-Modelle waren die karierten Lowtops und aquafarbenen High-Tops sowie Converse mit ausgeblichenen Logos und Schildern auf den klassischen Obermaterialien. Die Laufsohle hatte ausgezeichneten Grip und war flexibel, perfekt für den damaligen Skater-Stil.

Bei Tricks wie „Rock-n-Rolls", „Smith Grinds" und „Laybacks" mussten der obere Fuß und der Knöchel beweglich bleiben, gleichzeitig brauchte der Fuß sehr festen Halt. Das Problem war nun, dass die Zwischensohlen zu fest waren und kaum Fersenpolsterung boten. Und die Segeltuchseiten rissen innerhalb weniger Tage ein. Es gab damals keinen Skater, der nicht Schuhkleber und Klebeband an strategischen Stellen verwendete. Einige brachten diese Reparaturen auf ein ganz neues Level und nähten Flicken über die Löcher. So erhielten die Schuhe einen einzigartigen Look. Als dann aber 1985 die Revolution der Straßenskater begann, änderte sich alles.

Frustriert und ihrer zerschrammten Hacken und Zehen müde, guckten sich die Skater die frühen Nike- und adidas-Basketballschuhe als Alternativen zum Skaten an. Die Seiten aus Leder waren viel robuster als der Leinenstoff der Vans/Converse, und Basketballschuhe hatten die besser gepolsterte Innensohle/Zwischensohle/Laufsohle sowie die Knöchelstütze, die für harte Landungen nötig waren. Die Knöchelstütze sollte Verletzungen vermeiden, wenn man die ersten „Kickflips" und „360 Shove-Its" ausprobierte. Die Haftung der Laufsohle war zwar weit entfernt von der der Converse und Vans, aber der neue Komfort schien dieses Manko aufzuwiegen. Und natürlich half es, dass der Erfinder des Streetskatings, Mark Gonzales, die Air Jordan 1 trug (von denen es hieß, er kaufte sie bei einem Ausverkauf, nur weil sie günstig waren). Der „Gonz" war Gott, wie Alva es für die vorherige Generation vor, und jeder kopierte alles, was er machte.

Viele Profiskater machten es ihm nach und bald drängten sich Kids überall auf der Welt um jede Marke High-Top Basketballschuhe, die sie finden konnten. Basketballschuhe waren für die Kids der späten 1980er alternativlos. Adidas, Nike, Troop, British Knights und sogar Reebok standen in erster Linie der High-Top Skater- und Breakdance-Mode. Nur wenige trugen Puma und Pony Lowtops bei den Streetskater-Treffpunkten.

Von nun an gab es für Skaterschuhe neue Ansätze, als die Marken darauf ansprangen. Vision Street Wear stellte eine Version des Air Force 1 High-Top her, eine neue Marke, Airwalk, ging einen ähnlichen Weg. Dadurch entfernte man sich erheblich von den „Old Skool" Vans, aber das Skaten entwickelte sich und die Schuhe mit ihm.

RECHTS Skaterschuhe von Gonzales

Damals war es nicht ersichtlich, aber im Rückblick ist der massive Einfluss deutlich, den diese Marken auf die weitere Entwicklung der Schuhdesign-Kultur nahmen. Sie öffneten die Augen vieler Menschen für die Möglichkeiten dieser Welt, zum ersten Mal taten sich Mode und Funktion zusammen. Am Ende gab es keine klare Richtung und sie verloren Anhänger, was einige geschäftsorientierte Skater motivierte, ihre eigenen Unternehmen zu gründen. Schließlich konnten sich Skater nur auf Skater verlassen, wenn es um den Umgang mit begrenzten Geldmitteln und der Entwicklung guter Produkte ging.

Etnies (Sole Technology und die wachsende Familie der Spezialschuhmarken) wurden zuerst unter „Skater-Aspekten" vermarktet, als erster Schuhe kam der Natas Kaupas Signature heraus (das erste Pro-Modell dieser nächsten Generation). Er war in den coolen Skater Shops sehr erfolgreich und die Absätze stiegen in den ersten Jahren stetig an. Bald schon nutzten Marken wie Duffs, Dukes, Simple and DC diese Dynamik und brachten Schuhe im eigenen Stil heraus. Speziell DC Schuhe (nach den Initialen von Droors Clothing) arbeitete in den frühen 1990ern mit den Top Profis Danny Way und Colin McKay. Schlagartig eroberte DC mit seinen technisch fortschrittlichen Designs und der hochwertigen Printwerbung einen beachtlichen Marktanteil. Zusammen mit Etnies übte DC enormen Druck auf den damaligen Giganten Airwalk aus, ein für Skater besserer Schuhhersteller zu sein. Dessen Designs hatten keinen Bezug mehr zum Underground und entfernte sich immer mehr von seinen Ursprüngen in der Skaterwelt. Herausgefordert, gab Airwalk Fersengeld und rannte zum nächsten Foot Locker, um sich eine neue Richtung für ihre Verkäufe zu besorgen, was bald zu einer Abwärtsspirale führte. Nun hatten die „Skater-geführten" Marken ihren Claim auf dem Schuhmarkt abgesteckt und das Spiel veränderte sich für immer.

Die Anzahl der Skater, die mit ihren Schuhproduktionen aufs Ganze gehen, wird bis zum heutigen Tag immer größer. Die Existenz von Skaterläden hängt von den hohen Gewinnspannen im Schuhverkauf ab. Große Produzenten von Schuhen für viele Sportarten suchen in der Skate-Industrie nach Inspiration und Ideen (und andersherum ebenso). Der Jahresumsatz der Verkäufe von Skaterschuhen beläuft sich auf Hunderte Millionen Dollar, viele Firmen in Skaterhand profitieren von diesem Erfolg. So sehr, dass einige Profi-Skateboarder ihre Anwesen allein von den Tantiemen für ihre Pro-Modelle bezahlen. Die heutige Situation ist weit entfernt von den Anfängen der Vans für 7 Dollar, Klebeband und Schuhkleber.

RECHTS Skater Shogo Kubo trägt 1977 frühe Nike High-Tops.

© Glen E. Friedman

HALL OF FAME
EINLEITUNG

Ein Zitat des großartigen Bob Marley:

> If you know your history,
> then you would know where
> you coming from.

Um zu verstehen, wie wir an diesen speziellen Punkt der Sneaker-Evolution gekommen sind, müssen wir uns ihre Geschichte anschauen. Um sie zu veranschaulichen, erschien es logisch, eine Ruhmeshalle zu errichten.

Es sollte keine Hall of Fame der persönlichen Vorlieben werden, sondern eine Chronologie der Trainingsschuhe, die einen stärkeren Einfluss auf die Entwicklung der Sportschuhe ausübten als andere. Bevor Sie mich mit erbosten Anfragen bombardieren, warum ich diese oder jene herausgelassen habe, muss ich darauf hinweisen, dass es nicht die Auflistung meiner Lieblingsschuhe ist (darin würden nur drei der genannten vorkommen) – oder die einer anderen Person. Stattdessen ist dies der Versuch, eine eindeutige Liste wahrhaft bedeutender Schuhe zu erstellen.

Die Voraussetzung für Sportschuhe, um in die Ruhmeshalle aufgenommen zu werden, ist, dass sie auf ihre Weise bahnbrechend waren – technisch oder ästhetisch – und Auswirkungen auf die weitere Entwicklung von Sportschuhen hatten. Einige wenige haben es allerdings hineingeschafft, weil sie einen derart ausgeprägten kulturellen Einfluss

1900 — **FOSTER'S** LAUFSCHUHE
1916 — **KEDS**
1923 — **CONVERSE** CHUCK TAYLOR
1933 — **DUNLOP** GREEN FLASH
1950 — **ADIDAS** SAMBA
1961 — **NEW BALANCE** TRACKSTER
1968 — **ONITSUKA TIGER** CORSAIR
1969 — **PUMA** STATES
1969 — **ADIDAS** SUPERSTAR
1971 — **ADIDAS** STAN SMITH

nahmen, so dauerhaft beliebt sind, dass sie Teil der Sportschuhfolklore geworden sind. Die ersten Einträge sind verwickelt in Anspruch und Gegenanspruch von „Eigentum" oder „Erfindung" von Sportschuhen selbst.

Ich möchte noch einmal betonen, dass sich die Ruhmeshalle nicht aus meinen persönlichen Präferenzen zusammensetzt. Vielleicht sind Sie neugierig: Hier als Hintergrund-Info oder um eine Debatte anzufachen – meine Liste würde so aussehen:

1 ADIDAS ZX 250
2 NIKE AIR MAX 90 (SCHWARZ/ROT)
3 ADIDAS TRIMM TRAB
4 ADIDAS ZX 500
5 NIKE WIMBLEDON
6 ADIDAS STAN SMITH
7 NIKE AIR MAX 1
8 PUMA STATE
9 NIKE AIR MAX 95 (NUR GRAU/GRÜN)
10 NIKE HAWAII

Am Ende des Kapitels werfen wir einen Blick auf die Sneaker, die durch Bühnen- und Filmstars berühmt gemacht oder von Giganten der Sportwelt empfohlen wurden.

So, Ladies und Gentlemen, begleiten Sie mich auf einer Reise durch die Zeit. Für unseren ersten Eintrag in unserer Hall of Fame müssen wir uns richtig tief in die Archäologie der Sneaker eingraben. Das bedeutet, in die nebelverhüllte Zeit, bevor es überhaupt Sportschuhe gab.

1972 **NIKE** CORTEZ
1976 **VANS** ERA
1982 **REEBOK** FREESTYLE
1985 **ADIDAS** MICROPACER
1985 **NIKE** AIR JORDAN 1
1987 **NIKE** AIR MAX 1
1994 **REEBOK** CLASSIC LEATHER
1994 **REEBOK** INSTAPUMP
1995 **NIKE** AIR MAX 95
2000 **NIKE** AIR WOVEN

FOSTER'S Famous SHOES,

As used by ALL CHAMPIONS.

Worn by the International Cross-Country Champion, 1933, 1934, 1935, and successful athletes in the Olympic Games since 1908.

Running, Cycling Road Walking, Jumping, Cross-Country, Road Racing Shoes. Boxing, Soccer and Rugby Boots.

Hand Made throughout.

Write for Price List and Self-Measurement Form to—

J. W. FOSTER & SONS, Olympic Works, Deane Rd., Bolton, Lancs.

Running Pumps.

...ING will soon be here, and you will be wanting NEW...
...to the oldest firm in the country for Self-Measurement...

Prices - - - 16/-, 17/6,
And the Very Best, 21/-

We Guarantee every Pair, so write now!
Trustworthy Agents wanted in every District.

W. FOSTER & SO...
ane Road, : Bol...

FOSTER'S
LAUFSCHUHE

Wenn ich Geräusche in das Buch aufnehmen könnte, würde ich das an dieser Stelle tun. Da das nicht möglich ist, stellen Sie sich bitte alle Zeitreisenklischees vor, die Sie kennen – ein Nebelwirbel, superschnell tickende Uhren, Kalender, die zurückblättern und so weiter. Wir fangen streitsüchtig mit dem ersten an. Das Problem schwappt hierhin und dorthin und wird hauptsächlich rechts und links des Atlantiks ausgefochten. Auf Ansprüche folgen Gegenansprüche auf alle „Erste" in der Welt der Trainingsschuhe. „Wir haben als erste vulkanisiert", schreit es von hier. „Nein, das waren wir", brüllt es unvermeidbar von dort. „Ha, wir hatten die ersten Gummisohlen ..." und so weiter.

Zwar gab es gegen Ende des 19. Jahrhunderts vielfach Versuche, Gummi und Leinenstoff miteinander zu verbinden, aber die so produzierten Turnschuhe rundeten meist den „Freizeitlook" ab und wurden sehr selten für sportliche Aktivitäten eingesetzt. Dunlop und Converse waren an der frühen Sportschuhentwicklung beteiligt, aber erst 1917 stellte Converse den Basketballschuh All Star her. Dunlop war bis 1928 keine Sportartikelmarke. Ein Unternehmen allerdings, das es noch immer als große Sportmarke gibt, entwickelte den Running Pump.

Das Unternehmen ist heute als Reebok bekannt, damals, 1895, war es Joseph William Foster, ein Läufer aus Bolton in Nordengland, der Laufschuhe mit Spikes für seine Mitathleten entwickelte. 1904 verkaufte er seinen „Foster's Running Spike" bereits an Sportler auf der ganzen Welt. Um 1905 oder 1906 herum entwickelte Foster seine „Foster's Running Pumps" für Sportler, die auf Straßen liefen oder seltsamerweise rangen. Ohne Zweifel gelten diese frühen „Pumps" als erste Trainingsschuhe/Sneaker/Laufschuhe überhaupt.

Eine neue Industrie war geboren. Der Unternehmer Foster vermarktete seine Laufschuhe mit bemerkenswertem Fleiß, so dass die Firma wuchs. Anfangs unter dem Dach von J. W. Foster and Sons, wurde das Familiengeschäft später, 1958, von Fosters Enkelsöhnen übernommen und die Marke, die wir heute als Reebok kennen, erblickte das Licht der Welt.

KEDS

If you want shoes with lots of pep, get Keds. For bounce and zoom in every step, get Keds.

1917 kamen Keds mithilfe dieses seltsam einprägsamen Werbeslogans auf den US-Markt.

Hinter der Einführung der Keds steht die Geschichte zweier Protagonisten, die die Welt der Schuhe für immer verändern sollten. Die Geschichte beginnt 1862, als Charles Goodyear

(der mit den berühmten Reifen) sich das Verfahren zur industriellen Herstellung von Gummi patentieren ließ, bekannt als „Vulkanisierung".

Weiter geht es 1892, als die U. S. Rubber Company die Produktion von Gummi (mit Goodyears Technologie) speziell für Schuhsohlen aufnahm. Die Leinenschuhe mit Gummisohlen wurden unter dem Namen „Croquet-Schuhe" bekannt, da sie von Spielern dieser vornehmen Sportart getragen wurden. U. S. Rubber besteht aus bis zu 30 ausgesuchten kleinen Firmen, von denen einige diese Schuhe unter verschiedenen Namen produzieren.

1916 bündelten Goodyear und U. S. Rubber ihre Kräfte in einem neu gegründeten Unternehmen. Aufgrund der stetig wachsenden Nachfrage beschloss die Firma, einen Schuh mit einer völlig neuartigen Gummisohle zu produzieren. Aber wie sollte er heißen? Ursprünglich war Peds (vom lateinischen Wort für Fuß hergeleitet) im Gespräch, aber der Name war bereits als Marke eingetragen. Daraufhin bestand die Auswahl aus Veds oder Keds – die Entscheidung fiel auf Keds.

Keds machten den Begriff „Sneaker" bekannt. Die Werbeagentur, die sich um Keds kümmerte, brachte den Begriff wieder auf, der im späten neunzehnten Jahrhundert für leise Schuhe mit Gummisohlen gebräuchlich war, um den Bekanntheitsgrad der Keds zu steigern.

Das Unternehmen wuchs, 1949 brachte Keds eine Produktlinie heraus, die hauptsächlich auf den Basketball-Sektor abzielte. Diese Spezialschuhe hießen Pro-Keds und unter diesem Namen kennen wir die Firma auch heute noch.

CONVERSE ALL STAR

CHUCK TAYLOR

Der Converse All Star: Kann man sonst noch etwas über eine lebende Legende sagen? Seit er 1917 einer wachsenden, an Basketball interessierten Öffentlichkeit durch die Converse Rubber Corporation vorgestellt wurde, wurde er in Aufbau und Erscheinung kaum verändert. Er ist der älteste noch produzierte Sneaker und der am meisten verkaufte.

Anfangs war der All Star nur in Schwarz erhältlich und kam nicht gut an. Vier Jahre später stieß Charles H. Taylor, ein Spieler der Akron Firestones, zum Converse Verkaufsteam. Taylor reiste durchs Land und gab Basketballkurse, bei denen er All Stars an Möchtegern-Stars verkaufte. 1923 hatte „Chuck" Taylor so viele Schuhe verkauft, dass seine Meinung bei Überarbeitungen des Schuhs gefragt war. Auf seinen Rat hin wurde die Knöchelstütze verstärkt und für bessere Haftung gesorgt. Wichtiger noch war, dass hier zum ersten Mal ein Produkt den Namen eines Sportlers erhielt. „Chuck Taylor" stand künftig auf dem Aufnäher am Knöchel. Taylor wurde später offizieller Fitnessberater der gesamten U. S. Streitkräfte, aber zuvor traf er die wohl schlechteste Geschäftsentscheidung der Geschichte. Als ihm Tantiemen auf Schuhverkäufe angeboten wurden, wollte er lieber seinen Lieblingsbonus – jedes Jahr ein neues Auto. Seither wurden Millionen von „Chucks" verkauft.

Aufgrund der Nachfrage wurden Chucks auch in gebrochenem Weiß angeboten. Nachdem Basketballmannschaften sie jahrelang in Teamfarben umgefärbt hatten, reagierte Converse 1966 mit der Produktion neuer Farben. 1968 machte Converse 80 Prozent der Sneaker-Industrie aus und Chuck Taylor wurde in die Basketball Hall of Fame aufgenommen.

Heute gibt es Chucks in unendlich vielen Farben und Mustern. In mehr als 100 Filmen spielen sie mit. Jeden Tag werden weltweit um die 30.000 Paare verkauft, 1997 waren es bereits mehr als 550 Millionen Paare. Das Design bleibt dabei stabil. Mal waren es Skater, mal die New Waver in New York – Chucks finden auf der ganzen Welt immer neue Fans.

DUNLOP
GREEN FLASH

Alles hat einen Anfang, in diesem Fall, nehme ich an, können wir behaupten, dass wir ihn in Großbritannien in den 1830ern finden, als ein gewisser John Boyd Dunlop herausfand, wie Leinen und Gummi miteinander verklebt werden können. In den 1890er Jahren nahm Dunlops Rubber Company in Liverpool die Produktion von Sportschuhen auf, den sogenannten „Sandschuhen", weil viktorianische Urlauber sie am Strand trugen.

Wegen der Schuhe etablierte sich in Großbritannien der Name „Plimsoll" für Turnschuhe, denn die Stelle, wo Leinenstoff und Gummi verklebt wurden, sah aus wie die Lademarke (= Plimsoll) von Frachtschiffen. Die Dunlop Plimsolls wurden anfangs des zwanzigsten Jahrhunderts zu Allround-Sportschuhen. 1933 allerdings wurde der Schuh eingeführt, der zum klassischen Design wurde – der Dunlop Green Flash 1555. Der Stoff dieser Schuhe war hochwertiger, die Sohlen hatten Fischgrätmuster für einen besseren Grip auf dem Tennisplatz. Er sollte einer der meistverkauften Sportschuhe aller Zeiten werden und wird heute noch hergestellt.

Der große britische Tennisspieler Fred Perry trug Green Flash, als er von 1934 an dreimal Wimbledon gewann. Seitdem wuchs die Legende. Dunlop hat mehr als 25 Millionen Paare bisher verkauft, allein in Großbritannien zum Höhepunkt ihrer Beliebtheit mehr als eine Million jährlich.

Mit fortschreitender Sneaker-Technologie und Mode verlor Green Flash an Zuspruch. Allerdings ist Form vorübergehend, Klasse bleibt. Ein Kreislauf ist vollendet und Green Flash erfährt gerade noch einmal seinen Moment an der Sonne. Dunlop tat sich sogar mit jungen Modeunternehmen wie YMC zusammen, um das Design aufzufrischen.

In der anspruchsvollen Mode- und Sportwelt bestehen nur wenige den Test der Zeit, noch weniger werden zu Design-Ikonen. Der Dunlop Green Flash hat beides geschafft.

ADIDAS
SAMBA

Der adidas Samba ist Mitglied dieser Hall of Fame, weil er der Opa der adidas-Schuhe ist. Er hält zwei Rekorde bei adidas: Zum einen ist er der am meisten verkaufte Schuh des Unternehmens, zum anderen ist er das bis heute am längsten produzierte Modell.

Außerdem – wenn jemals ein Modell „Old Skool" genannt werden konnte, dann dieses. Die meisten erinnern sich, dass der Samba ihr erster Trainingsschuh war. Diesen Schuh kaufte Ihre Mutter Ihnen, als Sie etwa 7 Jahre alt waren und damit auf dem Fußballplatz der Schule kicken sollten. Später war er bei denen beliebt, die einfaches, klassisches Design mochten. Er ist vermutlich der einzige Schuh in der Hall of Fame, der noch immer hauptsächlich dafür benutzt wird, wofür er gedacht war.

Die Dassler-Brüder hatten bereits seit den 1920er Jahren Sportschuhe hergestellt, aber erst nach ihrer bitteren Trennung 1948, nach der Adolf und Rudolf ihre eigenen Wege gingen, formierte sich adidas. Diese faszinierende Geschichte hat das Potenzial, für das Autoren von Soap-Serien sterben würden und wird auf den Seiten 88–91 erzählt. Am Ende gründete Rudolf Puma und Adolf adidas.

Diese Hintergrundinformation dient zur historischen Einordnung eines Schuhs, der auch heute noch produziert wird. Adolf hatte seine Sportschuhproduktion schon lange auf die Bedürfnisse der Träger abgestimmt. Als begeisterter Fußballspieler verfügte er über viele Kontakte in der Sportwelt. Und so brachte er 1950 den Samba heraus. Obwohl er heute Teil der Hallenfußballausrüstung ist, war er ursprünglich für eine bessere Haftung auf Eis, Schnee und gefrorenem Boden ausgelegt.

Der Schuh wird aus Vollnarben-Känguruleder mit einer Verstärkung aus Wildleder gefertigt. Die Zehenkappe ist extra stabil für zusätzlichen Schutz beim Balltreten. Aber nicht nur deshalb respektieren wir den Samba – er ist einfach ein Klassiker.

NEW BALANCE

TRACKSTER

New Balance wurde zu Beginn der 1900er Jahre in Massachusetts gegründet und beschäftigte sich hauptsächlich mit der Entwicklung orthopädischer Schuhe mit einer Bogenstütze, um den Trägern „new balance", ein neues Gleichgewicht, zu verschaffen. Bis 1961 hatten sie nur kleine Schritte auf dem Laufschuhsektor getan, aber dann wurde die Landeshauptstadt Boston rasant zum Sportzentrum.

Nach einigen Versuchen brachte das Unternehmen schließlich ein Modell heraus, mit dem sie auf dem Sportschuhmarkt landeten und dazu eine Marke für die Entwicklung von Trainingsschuhen setzten. Das Modell war der New Balance Trackster, der aufgrund zweier Merkmale hervorstach. Er war der erste Performance-Laufschuh mit wellenförmiger Sohle (die später von vielen Unternehmen kopiert wurde) und es war das erste Modell, das es in unterschiedlichen Weiten gab. Letzteres wird beim Unternehmen als einzigartiger Verkaufsgrund angesehen.

Die Weiten, die erhältlich waren, begannen mit einer schmalen „2A" und endeten mit einer extra weiten „4E". Bis heute lässt das Unternehmen bei Laufwettbewerben überall auf der Welt Füße vermessen und hat festgestellt, dass mehr als 50 % aller Teilnehmer nicht-standardisierte Weiten benötigen.

Der Trackster ist auch für New Balance-Verhältnisse einzigartig, da er nicht mit dem speziellen Nummerierungssystem der Firma zur Unterscheidung der verschiedenen Modelle hergestellt wird.

Dieser bahnbrechende Schuh wurde in ausgesuchten Geschäften 2003 in Anerkennung der Bedeutung seiner einzigartigen Charakterisika neu herausgebracht.

New Balance shoes have special features designed to give you

MAXIMUM PERFORMANCE

TRACKSTERS work with you to give the utmost in performance. Reason? Natural foot action — the result of design based on orthopedic principles. We call it balanced construction. Coaches call it the key to better running because TRACKSTERS give more traction, lengthen stride, absorb shock and reduce fatigue.

That's only part of the story. Add these features: perfect fit because you have a choice of widths, flexibility because of hand-lasting, and comfort because they are lightweight and have no seams to chafe or blister. Now TRACKSTERS are used in more and more events as well as for warm-ups and training.

...them. Learn why TRACKSTERS are now the FIRST CHOICE of coaches and athletes in leading colleges and schools.

TRACKSTER

IDEAL FOR PRACTICALLY ANY RUNNING SURFACE

$15.65 (List Price)
$11.75 (School Cost)

JUST A RIB SOLE

RIPPLE Sole

lengthens stride,
reduces fatigue,
improves traction,
prevents stone bruises,
helps prevent "shin splints".

AVAILABLE IN YOUR EXACT WIDTH

NEW BALANCE shoes come in your exact size with the tread width for your foot. No overhang for the runner with a wide foot. The shorter lace makes a more flexible vamp for easier running action.

AA: 4½ - 7½   A: 4½ - 8   B, C: 4½ - 13   D, E: 6½ - 13

TRACKSTER II

Same as TRACKSTER but with exclusive added "foxing" feature. Ideal for the athlete with foot or leg problems. Foxing construction gives extra support, cushions and stabilizes the foot. Nylon elastic webbing in vamp permits foot to breathe. Recommended by leaders in the Physical Fitness Program.

$19.15 (List Price) $14.35 (School Cost)

Pedigree

● SHOTPUT ● HAMMER THROW ● DISCUS

FIELD EVENT SHOE

A superior field event shoe with exclusive "foxing" feature between sole and upper. Left shoe has outer edge built up to accommodate "roll-out". PEDIGREE'S special construction on orthopedically designed lasts assures forefoot pivot control plus lightness, balance and stability. Now has long wearing, miracle soling of Dupont Hypalon 40 Armortred.

$19.15 (List Price) $14.35 (School Cost)

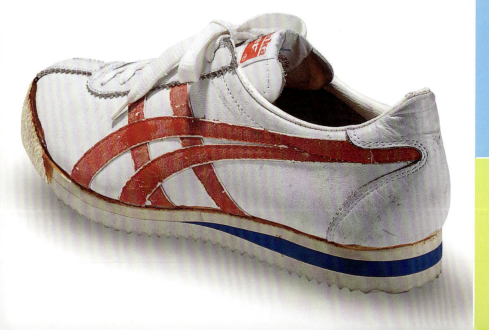

ONITSUKA TIGER
CORSAIR

Der Sportschuhhersteller Onitsuka war der Vorläufer von Asics. Gegründet wurde Onitsuka 1949 in Kobe, Japan, von Kihachiro Onitsuka. Die Marke wurde als Onitsuka Tiger bekannt, weil die ersten Schuhe ein Tiger-Logo auf dem Fußrücken trugen. Später kamen die Tigerstreifen auf den Seiten hinzu.

Onitsuka verdient seinen Eintrag in der Ruhmeshalle aus vielerlei Gründen, nicht zuletzt wegen der frühen technischen Entwicklungen am Schuh und weil Onitsuka entscheidend war für die Entstehung von Nike.

1949 betrat das Unternehmen die Welt der Trainingsschuhe, als Kihachiro Onitsuka, davon überzeugt, dass straffällig gewordene Jugendliche am besten über Sport rehabilitiert werden, die bestmöglichen Sportschuhe herstellen wollte. Er ließ sich bei der Entwicklung der Schuhe von seiner Umgebung inspirieren. Als er beispielsweise Tintenfische beobachtete, kam er auf die Idee für Saugnapfsohlen für bessere Haftung. Und er übernahm ein Luftkühlungssystem aus dem Motorradsport, mit dem die Füße der Läufer gekühlt wurden. Es entstand der Onitsuka Magic Runner.

1963 brachten zwei Unternehmer, Phil Knight und Bill Bowerman, diese günstigen Hightech-Sportschuhe von Onitsuka auf den US-Markt. Damals firmierten sie noch als Blue Ribbon Sports (BRS), später gründeten sie Nike. Nach Anfangserfolgen im Verkauf wurde BRS am Design der Schuhe beteiligt und entwickelte für das Unternehmen die Modelle Marathon und Boston.

Einer der Schuhe, an denen Bowerman arbeitete, war der Onitsuka Tiger Corsair. Nach einem Redesign wurde er in Japan nach seinen Vorgaben hergestellt und in Onitsuka Tiger Cortez umbenannt. Er wurde 1968 zum Verkaufsschlager der Firma. Um herauszufinden, ob es sich bei einem Schuh um den sehr seltenen Cortez handelt, muss er das Label „Mexico T-24" tragen (steht für 24-Stunden-Trainingstauglichkeit).

Die beiden Betriebe trennten sich und 1972 gründete das amerikanische Duo allein Nike. Der Name Cortez blieb bei Nike und wurde zum berühmten Nike Cortez (siehe Seiten 56–57).

PUMA
SUEDE/STATE

Der Puma Suede, auch als Puma State bekannt, ist vermutlich der Schuh, der am einfachsten von allen in der Rubrik „große alte Marken" aufgeführten zu erkennen ist. An sich gibt es nichts Bahnbrechendes an diesem Sneaker, aber eine Hall of Fame ohne ihn kann es nicht geben. Er wird nicht nur von vielen Sportschuhfans geliebt, er war sogar Teil von globalen, historischen Begebenheiten. Bei den Olympischen Spielen 1968 (im selben Jahr herausgekommen) wurde er von Tommy Smith getragen, dem bekannten Sportler und Gleichberechtigungsaktivist, als er seinen berühmten Black Power-Gruß ausführte (siehe Seite 206).

Die Suedes wurden noch bekannter, als sie 1974 vom „Michael Jordan" der 1970er Jahre, Walt „Clyde" Frazier von den New York Knicks, getragen wurden und mit ihm beworben wurden. Die Frazier-Schuhe wurden als Puma Clyde bekannt. Der Clyde wurde sofort ein Hit, denn Frazier war nicht nur für seine Basketballkünste bekannt, er kleidete sich perfekt und hatte Erfolg abseits des Spielfelds bei den Frauen. Clyde Frazier war ein Mann mit Stil, als Markenzeichen trug er zwei verschiedenfarbige Clydes an den Füßen. 1985 wurden allein in den USA mehr als 2 Millionen Paare Clydes verkauft.

Kulturell gesehen kann der Suede als erster Breakdance-Schuh bezeichnet werden. Hip-Hop-Crews machten ihn berühmt, etwa die New York City Breakers und die Rock Steady Crew, die in ihren ersten Hip-Hop Jams ausschließlich den Suede trugen (siehe Seiten 20–25).

Der Kultstatus des Sneakers blieb auch nach den goldenen Jahren des Hip-Hops bestehen. Als die Beastie Boys während ihrer „Check your Head" Tour 1994 über die Bühne hüpften, trugen sie blaue Suedes. Sofort verlangten die Fans nach den Schuhen mit der springenden Katze.

Mit welchem Namen auch immer, der Suede/State/Clyde ist Teil der Sportschuhgeschichte und ein Stück zeitloses, klassisches Design.

ADIDAS
SUPERSTAR

Fällt in einer Unterhaltung der Begriff „Old Skool", fällt Ihren Gesprächspartnern wahrscheinlich zuerst der adidas Superstar ein, der zweifellos als Klassiker aller Klassiker bezeichnet werden darf. Wie sonst lässt es sich erklären, dass ein Sportschuh aus dem Jahr 1969 auch 2001 noch der am meisten verkaufte Schuh weltweit war?

Auch wenn der Superstar der erste Low-Top Basketballschuh mit einem durchgehenden Obermaterial aus Leder war, ist er nicht deswegen in der Hall of Fame. Das ist in seiner kulturellen Rolle begründet, die er weltweit gespielt hat. Jeden Tag ist der Superstar überall auf der Welt zu sehen – an allen möglichen Orten und allen Arten von Füßen.

Das Merkmal, dem der Schuh seinen berühmten Spitznamen „Shell Toe" (deutsch: Muschelzeh) verdankt, ist die Zehenkappe aus Gummi, die die Zehen von Basketballspielern schützen sollte. Das tat sie und sorgte zusätzlich für Stabilität, aber die Form erinnerte an eine Muschel und der Name blieb. Der Legende nach kam die erste Anregung für das Design von dem einzigartigen Kareem Abdul-Jabbar, der die Schuhe am Tag ihrer Einführung trug. Er wollte Low-Top Basketballschuhe, mit denen er auf dem Spielfeld besonders wendig war. Der Superstar wurde auch in einer High-Top Version herausgebracht, damit war das adidas Pro Model geboren (auch wenn zunächst die Kappe zur Hälfte aus Wildleder war).

Das Modell war so beliebt, dass es zur Standard-Gefängnisausstattung in den USA wurde – auch das trug zur Legendenbildung bei. Die Beliebtheit steigerte sich noch mit dem Aufkommen des Hip-Hops im New York der späten 1970er, als die lokalen Breakdancer und Background-Tänzerinnen die Schuhe zum Teil des neuen Looks machten. Einen wahren Boom erlebten sie, als Run-DMC sie trugen, die sogar den Song „My adidas" zu Ehren ihrer Ultrastars schrieben. Bis heute gehören zum Superstar dicke Schnürsenkel oder gar keine und sie sind unverzichtbarer Bestandteil der städtischen Garderobe.

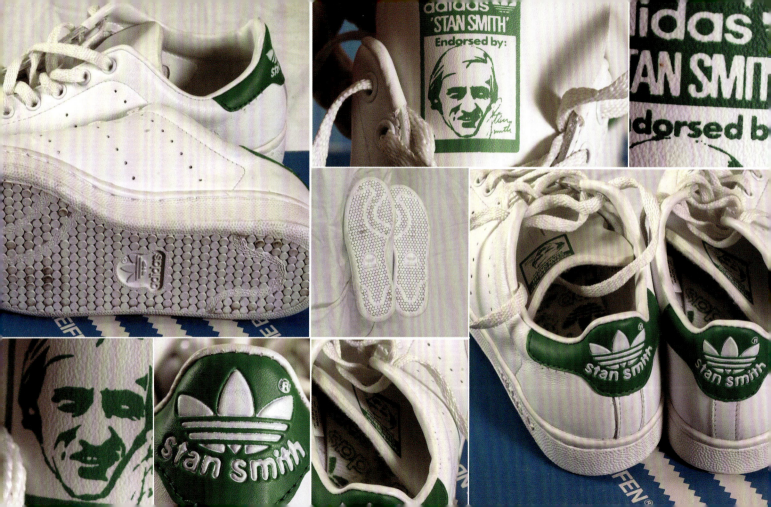

ADIDAS
STAN SMITH

Manchmal ist weniger mehr – das trifft auf jeden Fall auf die adidas Stan Smith zu. Dieser Schuh gehört in die Ruhmeshalle aufgrund der beharrlichen Qualität des Designs und des andauernden Einflusses, den er auf Sneaker-Design und -Kultur ausübt. Es gibt Schuhe, die sind in einigen Ländern beliebt, in anderen nicht. Aber der Schuh, den wir als Stan Smith kennen, gehört zu den wenigen, die weltweit in jeder Stadt zu sehen sind.

Als er 1965 vorgestellt wurde, zeichnete ihn aus, dass er der erste Ganzleder Performance Tennisschuh war. Aber auch optisch war er einzigartig: Statt der üblichen drei adidas-Streifen an der Seite waren bei ihm dort drei Reihen Löcher gezogen.

Allerdings war es nicht immer Stan Smiths berühmtes Gesicht, das auf der Zunge des Schuhs prangte. Anfangs sah man dort den Namenszug eines weniger bekannten Sportlers, des französischen Tennisspielers Robert Haillet. Das änderte sich 1971, als der Schuh mit dem aktuellen Gewinner der U. S. Open, Stan Smith, warb und nach ihm umbenannt wurde.

Seitdem gehört er zu den erfolgreichsten Schuhen aller Zeiten, mit mehr als 30 Millionen verkaufter Paare. Ursprünglich war er nur im klassischen Weiß zu haben, aber je größer seine Beliebtheit wurde, umso mehr Farben wurden herausgebracht, einschließlich Marineblau, Rot und Schwarz und sogar ein Modell mit Klettverschluss.

Über die Jahre wurden die Schuhe immer wieder überarbeitet, die seltensten und gesuchtesten Modelle sind die, die Stans ikonisches Lächeln in Golddruck tragen. Aber auch die „Made in France"-Modelle sind unter Sammlern sehr gefragt.

Achten Sie nicht auf das Getue der Puristen, diese Klassiker passen einfach zu allem. Tragen Sie sie mit Stolz.

NIKE
CORTEZ

Natürlich gehört der Nike Cortez in die Hall of Fame. Nicht nur ist er einer der ersten Nike-Schuhe überhaupt, er hat auch eine Geschichte mit Onitsuka (siehe Seiten 48–49). Noch bedeutender ist, dass er der einzige Schuh ist, den Nike seit der Einführung 1972 durchgängig produziert. Der heutige Cortez wurde vom Nike-Vorgänger Blue Ribbon Sports entwickelt, in Zusammenarbeit mit der japanischen Firma Onitsuka Tiger.

Bill Bowermann, Nikes Mitbegründer, soll sich an den Cortez herangearbeitet haben, indem er zwei Paare Onitsuka Tigers auseinandernahm. Er kombinierte die besten Teile miteinander, arbeitete eigene Ideen ein und nähte das Ergebnis zusammen, wobei er eine Bogenstütze einnähte, die der von adidas ähnelte. Er schickte den Schuh nach Japan, wo das Modell zum Bestseller Onitsuka Corsair wurde.

Nach vertraglichen Unstimmigkeiten und dem folgenden Bruch mit Onitsuka behielt Nike das Design, fügte sein berühmtes Logo, den Swoosh, hinzu und benannte den Schuh in Nike Cortez um. Heraus kam er zur NSGA-Sportmesse 1972 in Chicago und entwickelte sich zum Unternehmensbestseller.

Das erste Modell war aus Leder im klassischen Weiß gefertigt, mit rotem Swoosh und einer blauen Linie auf der Sohlenseite. In seiner langen Produktionszeit wurde er in mittlerweile vielen verschiedenen Farben hergestellt. Auch unterschiedliche Materialien wurden für ihn verwendet, unter anderem Nylon und Wildleder, und auch der Swoosh änderte seine Farbe oder wurde aus Krokodil- und Schlangenlederimitat gefertigt. Seine Farben waren an der West- und Ostküste der USA unterschiedlich.

Der Cortez wurde berühmt als Erkennungszeichen der Gangs in L. A., die Cripps etwa trugen blaue oder weiße Schuhe, die Bloods schwarze. Noch immer wird er von Liebhabern des klassischen Designs überall auf der Welt getragen.

VANS
ERA

Reisen Sie, wohin Sie wollen, eines werden Sie überall in den Städten dieser Welt sehen: Skaterkids in weiten Hosen und noch weiteren Oberteilen, Beanies auf den Köpfen und dem wichtigsten – ihren Schuhen. Kaum zu glauben, dass dieser Look von einer kleinen Jugendbewegung der 1970er in Südkalifornien geprägt wurde.

Damals fingen die Skaterkids an, die „Deckschuhe" zu tragen, die ein kleines Unternehmen herstellte, das eine einzigartige Haltung zu Design und Verkauf von Sneakern hatte. Das Unternehmen war Vans, seine Geschichte wird später erzählt (siehe Seite 308–309).

Die frühen Skategangs, wie die heute berühmten Z-Boys, trugen die anfänglichen Vans-Modelle wie den „Authentic" hauptsächlich wegen ihrer sehr dicken Sohle, die sie wehrhafter gegen die ruppige Behandlung beim Skaten machte. Außerdem waren die Schuhe günstig und es war sogar möglich, einen persönlichen Stil zu bekommen. Für nur einen Dollar mehr konnten Kunden ihre eigenen Farbkombinationen und das Obermaterial nach Geschmack bestellen.

1976 war der Anblick skatender Kids, die ihre persönlichen Vans trugen, so verbreitet, dass das Unternehmen beschloss, sie am Designprozess eines neuen Schuhs zu beteiligen. Mithilfe von Z-Boys wie Tony Alva und Stacy Peralta entstanden gepolsterte Fersenkappen und Farbkombinationen wie Blau/Rot und Blau/Weiß und gingen in Produktion.

Dabei kam das 95er Modell heraus, auch bekannt als Era – der erste Schuh, der speziell mit dem Gedanken ans Skateboarden entworfen wurde und der erste mit dem heute legendären „Off the Wall"-Label auf der Hacke. Der Era gehört in die Hall of Fame, nicht nur, weil er gut aussieht, sondern weil er eine riesige Industrie in Gang setzte. Der Era mit seiner Polsterung und seinen Farbkombinationen wurde der absolute Schuh für eine ganze Generation von Skateboardern.

REEBOK
FREESTYLE

Im Nachhinein ist alles ganz klar, aber irgendwann in der Vergangenheit war es schwierig geworden, sich neue Entwicklungen vorzustellen. Das war der Stand in der Welt der Sportschuhe in den frühen 1980ern. Die Big Player von damals konzentrierten sich auf neue Schuhe für die traditionellen Sportarten, damit hatten sie genug zu tun.

Als sie sich also nicht mehr um den Hauptgewinn bemühten, ergriff ein eingesessenes, aber kleines, britisches Unternehmen die Gelegenheit beim Schopfe. Sein Name war Reebok.

Reeboks Geschichte reicht bis ins Jahr 1891 zurück, aber erst in den 1970er Jahren entwickelte sich das Unternehmen zu einem Global Player in Bezug auf seine Umsatzzahlen. 1982 landete es einen Coup, der es an die Spitze der Sportschuhverkäufer katapultierte. Das Modell Freestyle machte aus Reebok einen Mitspieler.

In den USA stieg gerade die Anzahl der Frauen, die ihre Leidenschaft für den Sport entdeckten, als Anfang der 1980er ein neuer Wahn ausbrach – Aerobic schwappte über das Land. Frauen wollten nun Sportschuhe, die nicht für herkömmliche Sportarten entwickelt wurden. Beim Aerobic geht es nicht ums Sprinten, Treten oder Laufen. Es wurde in warmen Sporthallen trainiert oder sogar zu Hause mit Videos. Wer Aerobic ausübte, hatten einen hohen Anspruch an Bequemlichkeit und da es meist in Gruppen praktiziert wurde, war auch die Mode ein wichtiger Aspekt.

Reebok hatte starkes Interesse an diesem schnell wachsenden Phänomen und war so kühn, einen Sneaker speziell für Frauen – genauer für Frauen, die Aerobic betrieben – herzustellen und brachte ihn in pastelligen Nuancen von Pink und Zitronengelb heraus. Das Ergebnis war spektakulär: Innerhalb von zwei Jahren brachte eine Generation von Olivia Newton-John-inspirierten Aerobic-Frauen Reebok von „unter ferner liefen" in den Olymp der Sneaker-Verkaufszahlen.

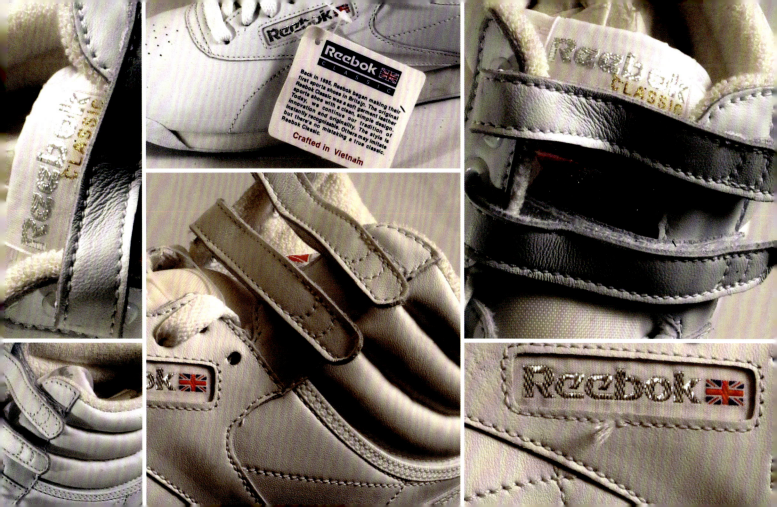

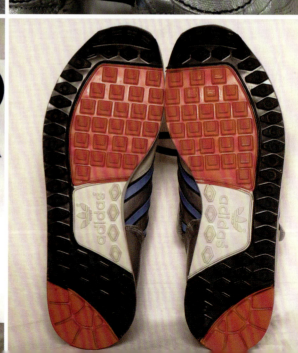

ADIDAS
MICROPACER

Es ist 1984 und wir haben uns daran gewöhnt, dass Sneaker Alltagsschuhwerk geworden sind. Die Besessenheit hat sich bereits bemerkbar gemacht. Dennoch waren wir nicht darauf vorbereitet, was adidas, der Urpate aller Sportschuhmarken, für uns in petto hatte.

Adidas brachte den Micropacer zu den Olympischen Spiele in Los Angeles heraus. Was damit in die Läden kam, war seiner Zeit so weit voraus, dass es kein Wunder ist, dass es zunächst floppte. Der silberne Lederschuh war aus ästhetischer Sicht schockierend. Sneaker waren damals einfach nicht silber. (Die ersten Modelle kamen in einem nüchternen Hellbraun heraus.) Und zum ersten Mal verwendete adidas Farben – ein grelles Rot – für die Sohlen. An jedes Detail war gedacht: Am rechten Schuh war eine kleine Tasche für Münzen oder Schlüssel eingearbeitet. Ruhm brachte dem Micropacer aber hauptsächlich die verbaute Technologie ein. Der Schuh war so fortschrittlich, dass ein Paar im Computer Museum History Center in Boston ausgestellt ist. Der Grund für die Aufregung war ein Sensor in der Kappe, der mit einem Mikroprozessor in der Zunge des linken Schuhs verbunden war. Das Display des Computers ähnelt einem digitalen LCD-Uhrenzifferblatt. Nach Eingabe von Daten berechnet er Geschwindigkeit, Distanz und Kalorienverbrauch der Läufer.

Wie andere Erfindungen, die für den Durchschnittskäufer zu anders sind, verkaufte sich der Micropacer anfangs nicht gut und wurde nicht weiter produziert. Der Schuh war dazu noch sehr teuer (der erste Schuh in den USA, der mehr als 100 Dollar kostete). Später jedoch stieg die Nachfrage für diesen Designklassiker. Adidas brachte ihn 2000 in einer Neuauflage heraus mit lediglich 600 durchnummerierten Schuhen. Noch immer wird der Micropacer häufig nachgefragt. Oft wechselt er für einen viel höheren Preis als seinen ursprünglichen die Besitzer.

NIKE
AIR JORDAN 1

Der zweifellos berühmteste Trainingsschuh der Welt kam 1985 heraus. Helena von Troja mag ein Gesicht gehabt haben, das tausend Schiffe segeln ließ, der von Peter Moore entworfene Air Jordan 1 ist dagegen der Schuh, der zu tausend Imitationen anregte. Es darf wohl gesagt werden, dass der Air Jordan den Sport für immer veränderte.

Was man von dem Schuh oder seinem Marketing halten mag – niemand kann leugnen, dass das Phänomen Air Jordan Sportschuhe weltweit in das Mainstream-Bewusstsein hob. Mehr als eine Million Paare wurden im ersten Jahr verkauft und seitdem ist der Air Jordan Nikes meistverkaufter Basketballschuh. Wäre Air Jordan ein eigener Hersteller, wäre er unter den Top Fünf der Sportschuhverkäufer. Passenderweise umranken den Schuh selbst viele Mythen, die zur Legendenbildung beigetragen haben und den Hype füttern. Es heißt beispielsweise, dass das Design des Air Jordan 1 auf dem vom Giorgio Armani entworfenen Nike Chicago aufbaut. Oder – noch bedeutsamer – dass der Schuh anfangs in der National Basketball Association (NBA) verboten war.

Zunächst trug Michael Jordan das schwarz-rote Modell in den Farben der Chicago Bulls, seinem Basketballteam. Das entsprach jedoch nicht den Farbvorgaben der Liga, nach denen alle Schuhe eine weiße Laufsohle haben mussten. Marketingbewusst, wie Nike ist, wusste das Unternehmen dies zu nutzen und vergrößerte den Hype mit „Von der NBA verboten"-Kampagnen und schon führte das Modell die Verkaufscharts an. Jordan erhielt eine Strafe und trug anschließend meist das weiß/rot-schwarze Modell, in dem er auch die sagenhaften 63 Punkte gegen die Boston Celtics machte.

Der AJ1 ist das einzige Modell der Serie, der das Nike Swoosh-Logo trägt. Und es ist das Modell mit den meisten Farbkombinationen (23, wie Jordans Trikotnummer). Zu den Schuhen gab es zwei Paar Schnürsenkel, passend zu den Farben des Schuhs. Was ihren Wert angeht, sind sie sicher die Sportschuhe, die es auf jeden Fall zu sammeln gilt.

NIKE
AIR MAX 1

Stehen wir still und blicken zurück in die gute alte Zeit oder ergreifen wir unsere Chancen und schauen in die Zukunft? Als Nike 1987 den Air Max 1 vorstellte, war das sicherlich ein Blick in die Zukunft. Tatsächlich waren die Schuhe selbst die Zukunft. Zum ersten Mal zeigte ein Schuh die Technologie seiner Sohle, statt sie zu verstecken.

Der Air Max 1 war der neueste Streich der Technologiereihe des „Air System". Das System mit „komprimierter Luft in einer Kammer aus Polyurethan" stammt von Marion Frank Rudy, einem unabhängigen Erfinder aus Kalifornien, der kleine Luftkammern (Airbags) in Schuhe einbauen wollte, um deren Leistung zu erhöhen. Rudy war an die führenden Hersteller von Sportschuhen herangetreten, aber nur Nike hatte das Potenzial erkannt – eine von Phil Knights besseren Entscheidungen und eine der schlechteren von adidas. Heute hängt das Ablehnungsschreiben von adidas an Frank Rudy eingerahmt im John McEnroe-Gebäude des Nike Hauptquartiers.

Nike setzte das bahnbrechende System zuerst 1979 im Tailwind ein, dem ersten Laufschuh mit der patentierten Luftpolstersohle. Nach Weiterentwicklungen wurde 1982 die Nike Air-Familie mit dem Air Force 1 und dem Air Ace vorgestellt. So gut diese auch waren, ist es doch der Nike Air Max 1, der in unsere Ruhmeshalle aufgenommen wird, denn die „sichtbare Luft" brachte der Technologie breite Aufmerksamkeit.

Im Grunde war der Nike Air Max der erste Schuh, der seine innere Technologie offen zeigte. Durch vorn und hinten am Schuh angebrachte Fenster vermittelte der Air Max die Vorstellung, man hüpfe auf der neuesten Sportschuhtechnologie aus Luft herum. Diese speziellen Fenster ließen bei Druck Luft nach draußen ab, bekannt als „Maximum Volume".

Abgesehen von der inneren Technologie war der Schuh ästhetisch ein Hingucker. Es ist möglich, das erste Modell in seinen klassischen rot/grau/weißen Farben zu tragen und trotzdem cool auszusehen.

REEBOK
CLASSIC LEATHER

Als lediglich ein Modell der Reebok „Classic"-Palette kam der Reebok Classic (offizieller Name Classic Leather) 1987 heraus. Weil er uns so bekannt vorkommt, scheint es ihn aber schon länger zu geben. Das Modell hat nun den Namen „Classic" übernommen und wird irgendwo von Reebok Classics oder nur „Classics" gesprochen, kommt einem nur ein Schuh in den Sinn. Er ist ein weiterer „kultureller" Bewohner der Ruhmeshalle, keine Sportschuhliste wäre jemals komplett ohne ihn.

Der Classic (um seinen geläufigen Namen zu verwenden) ist heute das meistverkaufte Sportschuhmodell in Großbritannien. Man sieht ihn überall, jeden Tag, an jeder Straßenecke. Es ist seltsam, dass der Schuh keine kulturellen Grenzen zu erfahren scheint und durch alle möglichen Jugendgruppierungen der Stadt Akzeptanz findet, meist in seiner rein weißen „Bling Bling"-Version. Die Beliebtheit der Classics bei der älteren Generation darf ebenfalls nicht unterschätzt werden. Aufgrund seiner Bequemlichkeit wird der Classic in allen Altersgruppen geschätzt

Zwar liegen die Anfänge der Schuhe im Nebel der Stadtlegenden verborgen, dieses spezielle Stück Erzählung ist aber wahr: Als Reebok das Modell für die Produktion entwickelte, ging eine falsche Bestellung raus, woraufhin etwas von dem superweichen Känguruleder geliefert wurde. Die Zeit drängte und so wurden die Schuhe aus dem inzwischen berühmten Känguruleder gefertigt – der „Classic" war geboren. Die Fehlbestellung war der Grundstein für den Erfolg des Schuhs. Ob man ihn mag oder nicht, niemand kann leugnen, dass er unglaublich angenehm zu tragen ist.

Der besondere Look und das Tragegefühl verleihen ihm eine einzigartige Ästhetik. Allerdings muss er, obwohl er überall so beliebt ist, auch viel einstecken. Kurios ist, dass, obwohl er so beliebt ist, und Reebok der einzige Brite unter den „wenigen großen" Marken ist, die Loyalität der britischen Sneaker-Puristen adidas gehört. Reebok erhält deutlich mehr Respekt von der „anderen Seite des Teichs", aus den USA.

Back in 1895, Reebok began making their first sports shoes in Britain. The original Reebok Classic was a soft garment leather sports shoe with a clean, simple design. Today, we continue our tradition of innovation and originality. The style is instantly recognisable. Others may imitate but there's no mistaking a true classic. Reebok Classic.

Crafted in Vietnam

REEBOK
INSTAPUMP

Jedes Designthema scheint seinen Heiligen Gral in der Design Community zu haben. Bei Sportschuhen ist dies die Zunge. Aus irgendwelchen Gründen wurde auf etwas, das seit Jahren perfekt als praktisches und ästhetisches Detail seinen Dienst tat, von den Herstellern Attacke geritten. Nennen Sie es Gimmick oder reine Spielerei, das Ziel seit geraumer Zeit war der Schuh ohne Schnürsenkel. Nike hatte sich dem Thema bei seinem Nike Air Pressure mit Luft genähert. Reebok ging einen Schritt weiter und machte es 1989 besser mit seinem Reebok Pump. Aber erst mit dem Reebok Instapump Fury ging der Traum 1994 endlich in Erfüllung. Der Schuh ohne Schnürsenkel!

Um dem Schock des Neuen noch mehr Wumms zu verleihen, beschlossen Reebok-Designer wie Paul Litchfield und Steven Smith, die an dem Schuh gearbeitet hatte, ihn zusätzlich auch noch in „verrückten" Neonfarben herauszubringen. Und so stellte sich der Schuh zunächst in Neongelb, Rot und Schwarz vor. Das ausschließliche Ziel der Schuhe war die Anpassung an den Fuß ohne Schnürsenkel. Aber auch aus anderen Gründen war das Design herausragend. Ja, Reeboks Sneaker kam ohne Schnürsenkel aus, aber die Firma hatte auch das Aussehen dramatisch verändert. Die durchgehende Sohle, die wir heute in jedem zweiten Schuh sehen, war fort. Stattdessen klaffte ein großer „Einschnitt" in der Mitte der Sohle und ein Loch in der Seite. Beim Fury wurde Stretch-Material verwendet mit einem Blasen-Pumpsystem für einen festen Sitz.

Man schob den Fuß in den Schuh und betätigte das einfache Pumpsystem durch Drücken des „Pumpbuttons" auf der Zunge. Dadurch wurde eine eingebaute aufblasbare Zunge oder Blase aufgepumpt, bis der Schuh sicher und bequem angepasst war. Endlich ein Gimmick, das funktionierte.

Und auch er, wie die wenigen anderen Sneaker, die wirklich wegweisend waren, ruft der Instapump starke Emotionen hervor: Man liebt ihn oder man hasst ihn. Zu welchem Lager Sie gehören mögen – er verdient seinen Platz in der Hall of Fame für das innovative Designkonzept.

NIKE
AIR MAX 95

Als ich die Schuhe 1995 zum ersten Mal sah, fand ich sie einfach nur hässlich, aber gleichzeitig so verrückt, dass ich sie kaufen musste … und zog sie ein Jahr lang nicht mehr aus. Der Air Max 95!

Offiziell heißt der Schuhe Air Total Max, denn sein Designer Sergio Lorenzo wollte mit dem Namen seine Sehnsucht nach etwas „Totalem", dem Allerbesten, ausdrücken. Es lässt sich darüber streiten, ob er sein Ziel erreichte, aber er veränderte mit Sicherheit die Richtung, die die Entwicklung von Sneakern nahm. Sei es gut oder schlecht – dieser Schuh brachte erstmals etablierte Modehäuser dazu, sich mit Sportschuhdesign zu beschäftigen.

Beim Air Max 95 übernahm Nike zum ersten Mal die „Sichtbare Luft"-Einheit auch am Schuh. Zuvor gab es an Schuhen wie dem Nike Tailwind eine komplette Luftfederung und ab 1987 wurde sie am Air Max 1 sichtbar gemacht. Aber es war nicht diese kleine technische Veränderung allein, die so starken Einfluss auf die Sneaker-Evolution nahm – es war das Gesamtpaket. Der Schuh war anders, wie etwas, das fliehende Außerirdische zurückgelassen haben. Er hatte einen Hightech-Look, andere Farben (Acid Yellow und Grün), das Obermaterial reflektierte und der ganze Schuh hatte seltsame Konturen. Für einen noch stärkeren Eindruck wurden die Neonfarben auf Grau- und Schwarzschattierungen gesetzt.

Das Meshgeflecht gab ihm einen zusätzlichen außerirdischen Look und zog den Blick noch stärker auf die technischen Details der Luftblasen – die Airbags waren riesig und überall. Nur ein einziges Understatement gab es am Schuh, das war der Swoosh hinten am Schuh.

Lorenzos Design war vom menschlichen Körper inspiriert: Der durchsichtige Sohlenteil imitiert die Wirbelsäule, die Anordnung des Oberleders repräsentiert Muskeln und die aufliegenden Teile die Rippen. Dieser Schuh lässt sich nicht ignorieren und verdient seinen Platz in der Ruhmeshalle.

NIKE
AIR WOVEN

Es war im Jahr 2000, dem Anbruch des neuen Millenniums, als eine nichts ahnende Welt den Nike Air Woven kennenlernte. Gab es jemals einen besseren Zeitpunkt für eine Revolution? Der Woven ist der vielleicht umstrittenste Schuh in der Hall of Fame.

Für den Schuh des Designers Mike Aveni wurde eine elastische Interlock-Webkonstruktion mit einer Luftsohle für Laufschuhe verbunden. Das Ergebnis ähnelt den Sommerslippern elegant gekleideter Menschen, besitzt gleichzeitig einen ländlichen Touch, weil er an Flechtkörbe erinnert oder an etwas, das man nicht recht benennen kann. Trotzdem sieht er absolut neu und modern aus.

Der Air Woven wurde zuerst in Tokio vorgeführt (eine anspruchsvolle Arena voller Sneaker-Süchtiger), dann London und New York. Der Hype um den Schuh war überraschend dezent, was dazu beitrug, dass die Nachfrage sofort enorm war. Was dann folgte, hatte keiner vorausgesehen.

In jedem Land, in dem er herauskam, war die öffentliche Reaktion dieselbe: Die Worte „verrückt" oder „abgedreht" wurden vermutlich nie so oft und in so vielen Sprachen auf einen Schuh verwendet. Beim Woven war es auch am wahrscheinlichsten, dass er nicht von seinem Erstbesitzer getragen wurde. Er löste einen wirtschaftlichen Mini-Boom im Sneaker-Handel aus, da „Sneaker-Spekulanten" überall auf der Erde die Schuhe kauften und sie sofort den Menschen, die nach dem Woven hungerten, anboten. Die Verkaufszahlen gründeten sich teilweise darauf, dass der Woven in jedem Land in anderen Farben angeboten wurde. Zum Höhepunkt des Wahnsinns wurden die Schuhe häufig mit 50 % Aufschlag auf den ursprünglichen Preis weiterverkauft. Bei der Debatte um den Schuh geht es nicht so sehr um persönlichen Geschmack, sondern darum, neue Wege zu beschreiten. Der Schuh regte zum Nachdenken darüber an, in welche Richtung sich Sneaker weiterentwickelten oder was verboten war. Jetzt schien alles möglich zu sein.

SNEAKER UND POPKULTUR

Sie wissen, dass es Sie schlimm getroffen hat, wenn Sie Filme oder alte Polizeiserien aus den 1970ern anschauen und nur nach den neuen Sneakern suchten, die die Stars trugen. Ich wusste, dass ich tief drinsteckte, als ich einen Kriegsbericht über Afghanistan sah und bemerkte, dass ich wissen wollte, welche adidas Klassikmodelle die Mudschahedin wohl trugen.

Viele Musiker schrieben über ihre Schuhe. Run-DMC über „My Adidas", die britischen Bands The Streets und Arctic Monkey sangen über Reebok Classics. Und da hört es nicht auf – Bob Marley war so begeistert von adidas, dass er für sich und die Band eigene „Streifen" anfertigen

LINKS Der adidas-Fan Bob Marley entspannt in seinen TRX.
RECHTS Marty McFly (Michael J. Fox) in speziell angefertigen Nikes auf Basis des Air Pressure-Modells

ließ. Converse-Schuhe spielen in über 150 Filmen mit, es gibt Websites, auf denen beschrieben wird, wann Chuck Taylor zu sehen ist. Es dauerte nicht lange, bis die Marken sich dessen bewusst wurden und Produktwerbung groß aufzogen. Natürlich preschte der Marketingexperte Nike dabei voraus. Nike arbeitete an dem Schuh mit,

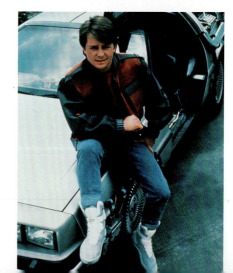

LINKS Die Superbullen Starsky und Hutch waren Ikonen der 1970er, die häufig in adidas-Schuhen zu sehen waren.
RECHTS Sean Penn macht Vans auf der großen Leinwand populär.

Welt ein Paar Nike Cortez aus dem Karton holt? Die Liste ist lang und länger. Wer anfängt, darauf zu achten, hört nie wieder auf. Nachfolgend sind nur beispielhaft Filmszenen und Bands genannt, die von Sneakern inspiriert wurden. Suchen Sie doch auch einmal selbst danach.

STARSKY UND HUTCH
Wie in vielen Filmen und Sendungen aus den 1970ern, gibt es hier eine Menge Sportschuhe zu entdecken. Meist sah man die Jungs in adidas Dragons posieren.

ICH GLAUB", ICH STEH" IM WALD
Sean Penn war einer der Ur-Skater. Er nahm den Bus von Malibu, um mit Tony Alva und den Z-Boys die Straßen unsicher zu machen. Vans waren bereits unglaublich beliebt bei Skater-Kids, aber als Penn den ganzen Film

den Marty McFly in *Zurück in die Zukunft II* trug.

Was meinen Sie, wer es so gedreht hat, dass Forrest Gump vor den Augen der

hindurch in seinen karierten Slip On Vans zu sehen war, ging der Absatz durch die Decke. In einer berühmten Szene schlug Penn sich selbst mit diesen klassischen Vans auf den Kopf.

DAS SPIEL DES TODES

Bruce Lee mischt in vielen Kampfsportfilmen mit. Um den asiatischen Anklang zu erhalten, ist er in einem frühen Paar Onitsuka Tigers zu sehen, bereit, jemanden mit Kung Fu in den Hyperraum zu kicken.

OBEN Aus *Do the Right Thing*
LINKS Bruce Lee in Onitsuka Tigers

DO THE RIGHT THING

Der Film war schon fast eine überlange Nike-Werbung. 1989 war der Filmemacher Spike Lee stark eingebunden in die Nike-Werbung der Zukunft. Mehr als 80 Prozent der Akteure im Film tragen Nike und in einer außerordentlich berühmten Szene wird ein Paar kostbare Jordan 4er von einem Rad überfahren.

WEITERE BERÜHMTE FILME

• Im Kultklassiker *Der Terminator* räumt Arnie die Leute in seinen heute überaus beliebten Vandals aus dem Weg.
• Mit Nike Dunks an den Füßen spielt Jack Nicholson in *Die Hexen von Eastwick* den Inbegriff des bösen Buben.
• Sylvester Stallones *Rocky* wechselt seine Loyalität durch die Filme hindurch. In *Rocky* trägt er Converse, in *Rocky III* ist er ein Nike-Mann. In *Rocky IV* sieht man ihn in adidas, sein Betreuer trägt Diadora.

OBEN Die New Yorker Band The Ramones tragen High- und Low-Kicks.
LINKS Debbie Harry (in High Heels) und der Rest von Blondie in ihren „Canvas"-Sneakern. Die Bandmitglieder folgen der Tradition der Strokes in ihrer Verbundenheit zu Leinen-Basketballschuhen, speziell Converse Chucks, Keds und Sperries.
RECHTS The Strokes in Chucks

SPORTLICHE BEZIEHUNGEN

Wenn wir genauer hinsehen, stellen wir fest, dass die Beziehung zwischen Sport und Werbung gar keine Erfindung der Neuzeit ist, wie man meinen könnte, und dass die Besessenheit mit berühmten Personen bedauernswerterweise auch nicht auf die heutige Generation beschränkt ist. Prominente in die Werbung einzubeziehen, hatte bedeutende Auswirkungen auf die Welt der Sportschuhe. Tatsächlich war die Sneaker-Welt die erste, die das umsetzte.

Wenn Sie sich die Schuhe ansehen, die entweder zu den bestverkauften Modellen aller Zeiten gehören oder sehr gut angesehen sind, stellen die sogenannten „Signature-Schuhe" garantiert einen großen Anteil dar, also Schuhe, die mit einer Sportgröße beworben werden.

Und tatsächlich trifft das auch auf den ersten „offiziellen" Sneaker aller Zeiten zu: 1916 brachte Converse den schlichten All Star Basketballschuh heraus, aber erst, als der ehemalige Basketballspieler Chuck Taylor den Schuhen seinen Namen lieh – und damit den ersten „Signature-Schuh" schuf –, startete der Verkauf durch.

Der Stan Smith von adidas begann sein Dasein 1956 als adidas Robert Haillet. Erst 1971 wurde das heute berühmte, lächelnde Gesicht auf die Zunge gedruckt – in einem frühen Fall von „passender Berühmtheit". Das Gesicht, das jeden Träger der Schuhe anlächelt, gehört Stan Smith, einem amerikanischen Tennisspieler. Durch seine Beteiligung an der Werbung erreichte der Schuh eine größere Bekanntschaft und wurde zu dem Klassiker, der er heute ist.

OBEN RECHTS Converse mit dem ersten Werbeträger, Chuck Taylor
RECHTS adidas und Stan Smith, laut und stolz

GANZ RECHTS Der Jabbar wurde für den NBA-Star Kareem Abdul-Jabbar entwickelt.
MITTE Die originale Jabbar-Lasche mit dem Sky Hook
OBEN Jabbars lächelndes Gesicht

Der Puma State oder Suede, beide Namen sind gebräuchlich, war sofort beliebt, als er 1968 herauskam. Aber erst, als der berühmte Basketballspieler Walt Clyde Frazier 1974 dem Schuh seinen Namen übertrug und so den Clyde schuf, schossen die Verkaufszahlen in die Höhe.

Ein anderes bemerkenswertes Endorsement, wie diese Art Werbevertrag zwischen Sportler und Hersteller heißt, sicherte sich adidas mit dem fröhlichen Gesicht von Kareem Abdul-Jabbar, einem Basketballer der 1970er, auf der Zunge. Weitere „Gesichter" bei adidas waren Ilie Năstase und Billie Jean King. Puma erzielte einen seiner wichtigen Coups im Fußball, als sie sich Pelé sichern konnten. Der Brasilianer arbeitete eng an der Entwicklung seiner Schuhlinie mit und tat der deutschen Marke sehr gut.

Damals funktionierte der Bereich der Sport-Endorsements nicht so, wie er heute ist. Die frühen Werbeträger trugen manchmal sogar an einem Fuß Reebok, am anderen Diadora, um beide

Endorsement aller Zeiten kann mit zwei Worten erklärt werden: Air Jordan.

LINKS Pelé, Puma-Werbefigur und der wahrscheinlich berühmteste Fußballspieler, der von Fans belagert wird.

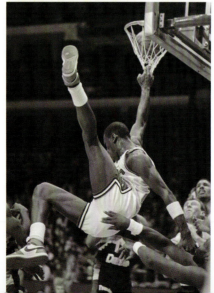

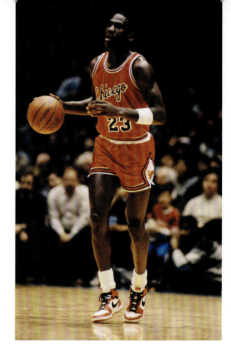

Sponsoren zufriedenzustellen. Dann kam ein bestimmtes Nike-Modell auf den Markt, dessen Endorsement das komplette Profil der Trainingsschuhe und ihres Vertriebs verändern sollte. Das ohne Zweifel berühmteste und erfolgreichste

OBEN *The man himself*: Michael Jordan mit einem Paar seiner Schuhe, den AJ 1.
LINKS Nikes meistverkaufte Basketballschuhe – die Jordan 1er bei dem, was sie berühmt machte.

Michael Jordan war ein aufstrebendes Nachwuchstalent im Basketball, er trug adidas oder Converse, dennoch war es Nike, das einen seiner cleversten Züge machte, als Jordan 1985 überzeugt werden konnte, den Schuhen seinen Namen zu geben. Der Erfolg der Jordan-Serie ist einzigartig, der Basketballstar hat das letzte Wort beim Design der Schuhe, die jedes Jahr unter seinem Namen herauskommen.

Endorsements beschränken sich nicht auf die Sportwelt. In den verrückten 1980er Jahren entwarf Michael Jackson eine komplett neue Serie für L. A. Gear, darunter die Billie Jeans mit Nieten, Leder und Schnallen, passend zu seinem Video.

RECHTS OBEN Tennis Superstar Andre Agassi trägt Nike Air Tech Challenge, gemeinhin bekannt als „Agassis".
UNTEN LINKS Der Boxer Frank Bruno gibt alles für Nike.
GANZ RECHTS Der Fußballer George Best steigt ins Spiel ein und leiht einem Paar Sneaker seinen Namen.

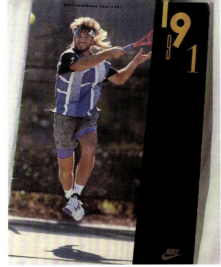

BIG PLAYERS AUCH EIN BLINDES HUHN FINDET MAL EIN KORN
EINLEITUNG

Obwohl natürlich der Leistung auf dem Markt und den Marktanteilen große Beachtung zukommen, sind es nicht Verkaufszahlen allein, die einen Eintrag in das Buch des Respekts garantieren.

Wie bei fast allen gewerblichen Akteuren erfahren auch die Sportschuhmarken Höhen und Tiefen. Und so, wie die Stellung auf dem Modemarkt kommt und geht, so bewegt sich der Markt erheblich von Dekade zu Dekade – eigentlich sogar von Monat zu Monat. Dazu kommt, dass die Präsenz der Marken von Land zu Land sehr unterschiedlich ist. Wenn sich eine Marke auf dem einen Markt gut verkauft, kann es sein, dass ihre Verkäufe auf einem anderen rückläufig sind. Fragt man beispielsweise ein paar Kids, wen sie für große Fische in der Sneakerwelt halten, würde die Antwort je nach Land verschieden ausfallen.

Zurzeit würden Sie, egal wo Sie sind, als wahrscheinliche Antwort Nike hören. Das war jedoch nicht immer der Fall und wird vielleicht auch nicht für immer so bleiben.

Von den 1960ern bis in die frühen 1970er konnten sich sicherlich die deutschen Marken adidas und Puma als „Big Player" bezeichnen. Die einzigen nennenswerten Konkurrenten waren Converse in Amerika, Dunlop und Gola in Großbritannien und Onitsuka in Japan. In anderen Ländern gab es viele und vielseitige Hersteller von Trainingsschuhen: Finnland hat bis heute Karhu mit seinem fantastischen Bären-Logo, Italien hat Diadora und Bata, später kam Fila dazu. Die Liste kann ewig weitergeführt werden. Der Punkt ist, dass, ähnlich wie Popbands heute, Sportschuhmarken sehr beliebt in einem Land sein können und im nächsten praktisch unbekannt.

Mitte der 1970er Jahre veränderten sich die Verhältnisse. Unter der Ägide von Blue Ribbon Sports (Nikes früherer Inkarnation) wurden Onitsuka Sneaker in die USA eingeführt und beendeten die Vorherrschaft der Deutschen. Nike selbst ist erst seit 1972 auf dem Markt und brauchte bis Mitte der 1980er, um der große Spieler zu werden, als den wir die Marke kennen. 1977 schlug Reebok in den USA ein und entwickelte sich schnell zur heutigen Großmacht.

In den 1980ern wüteten die „Schuhkriege". Damals entwickelte sich das Phänomen Sportschuh zu seiner ganzen Pracht, Markenbewusstsein und Vertrieb wurden zum Big Business. Die Werbung spielte nun, da Sneaker die Sportstätten verließen, um zur Basisausstattung der Freizeitkleidung zu werden, eine wichtige Rolle.

Das bringt uns zum Eröffnungssatz dieses Kapitels: „Auch ein blindes Huhn findet mal ein Korn." In den 1980ern ergatterten alle möglichen Marken praktisch über Nacht Marktanteile. Marken wie L.A. Gear, British Knights und Brooks drängten auf den Markt, um sich ein Stück des boomenden Freizeitmodegeschäfts zu sichern. L.A. Gear wartet dabei mit einer abwechslungsreichen Geschichte auf: Einst die Nummer 2 bei den Verkaufszahlen rutschte die Marke innerhalb einer Dekade auf einen Marktanteil von 1 Prozent.

Für unsere Liste der Big Player waren daher Dauerhaftigkeit und sportliche Entwicklung ausschlaggebende Faktoren. Und so finden sich dort adidas, Nike, Puma und Reebok. Das heißt nicht, dass andere, wie Converse oder Dunlop, nicht ihren Teil geleistet haben, aber die Platzhirsche halten sich schon lange an der Spitze und haben einen bedeutenden Anteil am sportlichen Geschehen.

ADIDAS MARKENGESCHICHTE

Unsere Geschichte beginnt in Herzogenaurach, einer Stadt nahe Nürnberg. Sie ist zwar klein, ihr Einfluss auf die Geschichte von Sportschuhen aber riesengroß. Ein Teil der wichtigen Rolle, die Herzogenaurach zukommt, geschieht 1948, dem Jahr, in dem das passenderweise „Pate" aller Sportschuhe genannte Unternehmen, adidas, das Licht der Welt erblickt.

Ein Schuster in Herzogenaurach, Adolf Dassler, legt den Namen seines Unternehmens fest. Aus der Kombination seines Spitznamens „Adi" und den ersten drei Buchstaben seines Nachnamens Dassler ergibt sich „adidas". Dassler verwendete einen kleinen Anfangsbuchstaben, um sich noch stärker von der Konkurrenz abzusetzen. Als er 1978 mit 78 Jahren stirbt, besaß Adi Dassler mehr als 700 Patente für Sportschuhe oder Sportausrüstung und erfuhr die Ehre, der erste Nicht-Amerikaner zu sein, der in die American Sporting Goods Industry Hall of Fame aufgenommen wurde. Adidas agierte auch abseits der Sportplätze bahnbrechend, unter anderem sponsorte adidas als erstes Unternehmen Nicht-Sportler (Run-DMC).

DIE DASSLER-BRÜDER

Zwar gibt es adidas seit 1948, die Geschichte reicht aber bis ins Jahr 1920 zurück. Eine in Sneaker-Kreisen wohlbekannte Tatsache, die hier gut reinpasst, ist, dass die Geschichten von adidas und Puma miteinander verwoben sind. Wenn es daher um die Anfänge von adidas geht, muss auch Puma einbezogen werden.

Beider Geschichten beginnen in Herzogenaurach, wo Adis Vater, ebenfalls ein Schuster, und sein Bruder Rudolf („Rudi') lebten. Beide Jungs, Adi und Rudi,

OBEN Der adidas-Gründer Adolf (Adi) Dassler

waren Sportenthusiasten, wobei Adi immer unzufrieden mit dem Sitz seiner Sportschuhe war. Als Sohn eines Schusters fertigte er sich seine eigenen Schuhe an. Die waren bald gut angesehen. Als immer mehr Bestellungen bei ihnen eingingen, gründeten die

LINKS Das bekannte Dreiblatt-Logo von adidas soll an den Lorbeerkranz angelehnt sein, der im alten Griechenland Gewinnern von Sportwettkämpfen verliehen wurde. Die Krone stand für den olympischen Geist und das Streben nach Sieg.

OBEN Das originale Dassler-Logo vor dem Bruch der Familie

Brüder am 1. Juli 1924 eine Firma, die Gebrüder Dassler OHG. Ihr Erfolg hielt an, die Dassler-Brüder belieferten die deutschen Olympiamannschaften 1928 und 1932 mit Schuhen. Die Modelle hießen Waitzer und Dassler. Die Dassler-Brüder erlebten einen bemerkenswerten historischen Moment, als der prominente Afroamerikaner Jesse Owens 1936 unter den Augen des wütenden Adolf Hitlers vier Goldmedaillen gewann. Welche Schuhe Owens bei diesen historischen Siegen trug? Natürlich Dasslers!

Die einschneidendste Veränderung im Schicksal der Brüder sollte erst noch stattfinden. 1948 zerstritten sich Adi und Rudi. Um den Grund rankten sich viele Gerüchte, meist um die üblichen Verdächtigen Frauen und Geld. Was den Riss auch verursacht hatte, er war nicht mehr zu kitten. Am Ende entschieden sie, dass jeder seines Weges ziehen sollte. Adolf gründete adidas, Rudi zog innerhalb der Stadt um und rief Puma ins Leben. Nach jahrelangen rechtlichen Auseinandersetzungen entwickelte sich jede Firma zu einer eigenständigen, weltweit agierenden Marke.

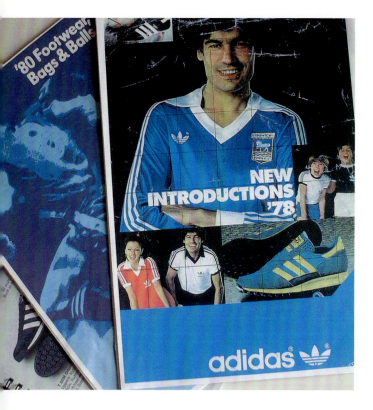

1949 erhielten die adidas-Trainingsschuhe die heute legendären drei Streifen, die den Schuh verstärken und zusätzlich Stabilität am Fuß verleihen sollten – eine weltweit bekannte Marke war geboren.

1966 erwarb H. B. „Doc" Hughes aus Dallas die ersten Rechte, adidas in den USA vertreiben zu dürfen und schon bald war adidas die am meisten verkaufte Sportschuhmarke dort. Adidas und Puma beherrschten den Markt der 1960er und 1970er. 1971 fand ein weiteres sportliches Riesenereignis statt. Muhammed Ali und Joe Frazier fochten 1972 den „Kampf des Jahrhunderts" aus und trugen dabei adidas-Boxschuhe. 1972, das Jahr, in dem adidas offizieller Ausstatter der Olympischen Spiele in München wurde, war das Geburtsjahr eines der weltweit bekanntesten und beliebtesten Logos – dem adidas Dreiblatt (Trefoil).

In dieser Dekade blieb die Marke adidas stark, trotz der wachsenden Konkurrenz, speziell eines Start Up-Unternehmens, das erst seit 1972 im Geschäft war – Nike. Nach Adis Tod 1978 ging die Leitung von adidas an andere Familienmitglieder über, 1987 übernahm ein Außenstehender das Unternehmen.

Zu Beginn der 1990er belegte adidas nur noch einen Abklatsch seiner einst so dominierenden Marktposition und das Unternehmen wurde an den später in Ungnade gefallenen Bernard Tapie übergeben, der versuchte, sich das Ergebnis der prestigeträchtigen Fußball-Europameisterschaft zu kaufen, um seinem Verein Olympique Marseille F. C. zu helfen.

1996 sollte die Marke durch ein neues Logo wieder aufgebaut und Umsätze angekurbelt werden – die heute bekannten Streifen ersetzten das klassische Trefoil-Logo.

Seitdem wechselte adidas häufiger die Besitzer und verlor, vermutlich durch den fehlenden Fokus auf die Markenidentität, seinen Weg. Eine Neudefinition wurde dringend gebraucht.

Die Geschichte der Sneaker-Hersteller zeigt, dass Marktherrschaften kommen und gehen. Mitte der 1970er wurden die acht Top-Hersteller als „adidas und die sieben Zwerge" bezeichnet. Und obwohl adidas momentan nicht der größte Spieler im weltweiten Sportschuhhandel ist, sollte man die alte Redewendung „Form ist vergänglich, Klasse bleibt" fest im Hinterkopf behalten.

Auch wenn Converse, Dunlop und Keds Sportschuhe der einen oder anderen Art hergestellt haben, kommt doch adidas der Anspruch zu, Pate der Sneaker-Marken zu sein.

ADIDAS UND DIE BRITEN

In der jahrhundertealten und häufig übellaunigen Geschichte anglo-germanischer Beziehungen gibt es eine kuriose Anomalie. Die Liebe und Loyalität der britischen Jugendlichen für ihre adidas-Trainingsschuhe. Diese Bindung ist so eng, dass es manchmal erstaunlich leichtfällt, zu vergessen, dass adidas kein britisches Unternehmen ist.

RECHTS
Das „Performance"--Logo von adidas wird seit Ende 1991 verwendet. Anfangs speziell für das Ausstattungsangebot gedacht, steht es an Bekannt- und Beliebtheit auch heute noch dem Trefoil-Logo nach, das synonym für die Marke ist.

ADICOLOR H

Dafür, dass adidas in erster Linie für den Sportsektor zuständig war, ging das Unternehmen manchmal hohe Risiken ein, wie mit dem Adicolor H. Der Schuh war ganz Weiß, auch die Streifen, und wurde als interaktiv beworben. Dazu gab es eine Packung Stifte, mit denen er nach Geschmack gestaltet werden konnte. Es wurden High- und Low-Versionen produziert.

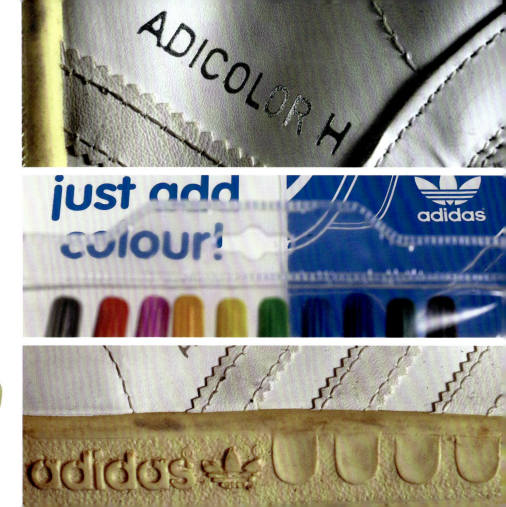

ALL BLACK

Der All Black gehört zu der adidas „Black Shoe Series". Er gehört zum selben Stall wie die Sambas, Kicks und Bambas derselben Ära und wurde 1981 produziert. Ursprünglich war er als Hallenfußballschuh gedacht. Heute ist der All Black ein sehr seltenes Stück.

ARTHUR ASHE

Dies ist der seltenste der Sport-Endorsement Tennisschuhe von adidas und trägt den Namen des ersten schwarzen Tennischampions. Er erinnert mit dem Obermaterial aus Leder an den Stan Smith. Außerdem hat dieses Modell statt drei Streifen drei Reihen Perforierungen. Es gab ihn in Weiß mit Rot an der Ferse und, was selten ist bei adidas, mit dem Namen auch auf der Ferse.

BADMINTON SUPER

Für welche Sportart der Schuh entworfen wurde, ist leicht zu erraten. Dieser Oberklasse-Badmintonschuh wurde in den frühen 1980ern produziert und schaffte es, den etwas „zarteren" Look früherer Squashschuhe zu übernehmen. Gegen Aufpreis bekam man langlebiges Leder und andere Extras.

BAMBA

Das frühe adidas-Modell wurde als Fußballschuh herausgebracht, speziell für vereiste oder gefrorene Böden. Der Bamba ist der kleine Bruder des klassischen und teureren Samba und war günstiger, weil er nur zum Teil aus Leder gefertigt war. Er gehört zur Black Series der adidas Modelle und war nur in dieser Farbe erhältlich (und seinen drei weißen Streifen natürlich).

BARCELONA

Dieser Schuh gehört in die Reihe der berühmten Modelle mit europäischen Städtenamen, wie London oder Dublin, die adidas produzierte, und einer der wenigen, die wir genauer vorstellen. Der Barcelona ist der Serie später hinzugefügt worden und hat dieselbe Silhouette und dieselbe dicke Polyurethan-Sohle wie der Trimm Trab.

BOSTON SPEZIAL

Adidas Orginals x Spezial ist eine Sonderkollektion von Kleidung und Schuhen. Sie wird seit Langem vom Gary Aspden betreut, einem Streifenfan. Das Projektziel sollte eine frische Kollektion sein, die ihre Inspiration im Archiv der adidas-Originale fand. Der hier gezeigte Boston ist Teil der Kollektion. Adidas hatte bereits eine lange Verbindung zum Boston Marathon und brachte anlässlich des Sportereignisses 1984 den Boston Super heraus. Dieses Modell ist ein Begleitpaar. Der Laufschuh zeigt Details wie die Ghilly-Schnürung. Außerdem hat er bunte Blocksohlen, für die adidas sich einen Namen machte.

CALIFORNIA SPEZIAL

Auch dieser Schuh gehört zur adidas Sonderkollektion Originals x Spezial von adidas und ist ein weiteres Beispiel für eine klassische adidas Silhouette, die optimiert wurde, aber noch immer die DNA der Marke trägt. Hier sieht man dieselbe Form und Silhouette wie die berüchtigten City-Modelle aus Wildleder, wie München und Dublin. Die Serie trug die Namen verschiedener amerikanischer Staaten, wie in diesem Fall Kalifornien.

CAMPUS

Der Campus gehört zu den adidas-Modellen, die ständig herausgebracht werden und immer beliebt sind. Der Schuh wurde zuerst 1970 präsentiert und verkauft sich seitdem gut. Am berühmtesten ist seine Lederversion mit der Muschelkappe des „Superstar". Genauso oft wird der Schuh ohne dieses Merkmal getragen. Auch eine Wildlederversion gibt es vom Campus, ohne Muschel. Ursprünglich wurde er in himmelblau, marineblau und burgunderrot hergestellt.

CENTAUR

Dieser Laufschuh aus den 1980ern war bei den Casuals (siehe Seiten 14–19) sehr beliebt und ist einer der Vorläufer der ZX-Serie, die adidas später entwickelte. In den Schuhen wurde neue Technologie integriert. Die zweifarbige Sohle findet sich unter anderem am Micropacer, sie sorgt für mehr Stabilität und Flexibilität.

CONCORD

Ein klassischer Basketballschuh von adidas und ein weiteres Beispiel für einen Schuh, der mit Design, Materialien und Fantasie in erster Reihe steht. Heute würde das Modell in Schlangenhautoptik als verrückt bezeichnet werden, nicht so in den 1980ern. Das Original hatte ein glänzend blaues Emaille-Finish und war ein ästhetisch überragendes Detail.

COUNTRY

Die original adidas Laufsilhouette kam 1970 zuerst für Geländeläufe heraus. Heute sieht man sie weltweit eher an Füßen, die durch Städte laufen. Er gehört zu den adidas-Schuhen, die dauerhaft als „Klassiker" gelten. Er besteht aus Vollnarbenleder und hat eine Gummilaufsohle mit Fischgrätmuster. Sein Werbeslogan war: „Lauf länger. Lauf schneller. Lauf schlauer."

DUBLIN

Adidas entwickelte die „City"-Serie in den späten 1970ern/ frühen 1980ern. Der Dublin repräsentiert hier die „Freizeit"-Kategorie. Die City Modelle sind interessant, weil sie alles andere als Performance-Schuhe waren. Für den Freizeitmarkt spielten die Farben, die adidas für die Schuhe wählte, eine große Rolle. Das Modell Dublin weist dieselbe Silhouette, flache Sohle und das bunte Obermaterial aus Wildleder wie die Serie mit den europäischen Hauptstädten auf. Diese Sneaker waren auch bei Fußballfans beliebt.

FOREST HILLS

Der Tennisschuh aus den späten 1970ern hat einen legendären Status erreicht, besonders bei britischen Fußballfans. Einer der Mythen um den Schuh war, dass viele Menschen behaupteten, die Version mit der gelben Sohle zu besitzen, als er neu herauskam. Es wurden jedoch ursprünglich lediglich 400 Paare nach Großbritannien geschickt und die wurden alle von Wade Smith in Liverpool gekauft. Das Original hatte eine weiße Sohle.

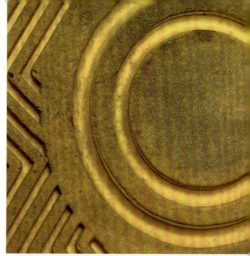

FORUM

Der Forum hat eine weitere berühmte adidas-Silhouette und ist vermutlich der berühmteste und beliebteste aller Basketballschuhe. Sie sollten lange halten, daher ist ihr Obermaterial aus robustem Leder, das mit den harten Betonplätzen zurechtkam, die es überall in den USA gibt. Typisch war, dass adidas mit Texturen experimentierte und den Forum unter anderem mit einem glänzenden Emaille-Finish anbot. Es gab ihn in High- oder Low-Versionen. Aber diese Performance hatte ihren Preis, der Forum durchbrach als erstes Modell die 100-Dollar-Marke in den USA.

GAZELLE

Der adidas Gazelle kam 1968 als Allrounder heraus. Die Sohle ist flach, das Obermaterial aus weichem Veloursleder. Es gab Zeiten, da konnte man ihn überall auf der Welt in einer großen Palette von Farben sehen. Er hatte eine riesige Fangemeinde unter den britischen Fußballfans. Die hier gezeigte rosa Version ist sehr selten.

GRANADA

Das Modell sieht so sehr nach Straßenschuh aus, dass es fraglich ist, ob er überhaupt Sportschuh genannt werden kann. Er ist Teil der „Freizeit"-Serie aus den späten 1970ern/ frühen 1980ern. Die Casuals übernahmen alle Stile aus der Serie. Der Granada ist extrem selten und soweit ich weiß, nur einmal herausgekommen.

HANDBALL SPEZIAL

Der Handball Spezial wurde für … Sie haben es bestimmt schon erraten … für Handball entwickelt. Dennoch entdeckten die Casuals den Schuh für sich, besonders auf ihren Reisen durch Europa. Daher war es auch nicht ungewöhnlich, dass das deutsche „z" auf Schuhen vermerkt war, die in englischsprachigen Ländern verkauft wurden. Der Schuh hat die Silhouette und den Stil der „European Capital City" Serie von adidas.

INDOOR MATCH

Der Indoor Match kombinierte das klassische Leinenobermaterial von adidas mit einer völlig flachen Sohleneinheit. Die Sohle sollte Squash- und Racquetballspielern besonders guten Halt geben, damit sie während ihrer schnellen Manöver auf den typischen polierten Spielfeldern nicht ausrutschen.

INSTINCT HI

Und wieder einmal verschob adidas mit diesem Basketballschuh die Grenzen. In den USA wurde er als erster „Straßenschuh" für Basketball bejubelt, er ist kein Schuh für die Ängstlichen. Er kam in den frühen 1980ern heraus und verdiente sich für seinen fortschrittlichen Look und seiner starken Performance Respekt – Leder und PCV wurden in verrückten Farben kombiniert. Neben dieser Farbgebung gab es ihn in Rot und Gold.

JEANS

Er stammt aus den späten 1970er Jahren und erlangte in Großbritannien Kultstatus. Er wurde von adidas für die „Freizeit"-Abteilung entwickelt und sollte zu Jeans getragen werden. Anfangs in Rot und Blau erhältlich, später änderte sich das Design zu Jeans 2 und 3. Das Modell wurde nicht wieder aufgelegt und ist dadurch sehr selten.

KEGLER SUPER

Adidas experimentierte mit Bequemlichkeit und lotete dabei die Grenzen mit einer Modellreihe, die mit einem Stiftsystem ausgestattet waren, neu aus. Dies System wurde im LA trainer und den Kegler verwendet. Über die beweglichen Bolzen konnte der Komfort oder das Tragegefühl individuell angepasst werden. Von der hier abgebildeten Edition aus Straußenleder wurden nur 100 Paare produziert. Dieses wurde für 650 Pfund von einem Sammler erstanden.

MALAGA

Auch dieser Schuh entstammt der „Freizeit"-Serie von adidas und den späten 1970ern/frühen 1980ern. Dieses Modell allerdings verliert etwas von dem Straßenschuh-Touch durch die klassischen adidas Merkmale und dem Spiel mit Farben und Material. Selbst heute noch kommt es selten vor, dass man einen Schuh mit gold-metallenem Glanz sieht.

METRO ATTITUDE HI

Ein weiterer Schuh aus der berühmten Basketballserie von adidas. Die Farbgebung hier entspricht den Basketballtrikots des Teams der New Yorks „Knicks", dessen berühmter Spieler Patrick Ewing sie sehr schätzte. Ewing wurde schließlich zur Werbefigur für den Schuh – mit seinem Namen auf der Zunge war das Modell Ewing geboren. Derselbe Schuh, aber ohne Orange, wurde zum Rivalry. Der Attitude und der Metro Attitude teilen sich das Design, aber der Metro hat ein Schlangenledermuster in den Farben des Schuhs.

MEXICANA

Der adidas Mexicana war der Vorgänger von Trainingsschuhen, die eine viel größere öffentliche Wahrnehmung erfuhren als er. Dieses modell hat die Silhouette des Gazelle und ebenfalls dieselbe flache Sohle und das weiche Wildleder als Obermaterial. Achten Sie auf den älteren adidas Schriftzug „im Karton".

MIAMI

Auch der Miami ist ein Beispiel für einen „Freizeit"-Schuh, den adidas über Jahre entwickelte. Diese Schuhe sollten bequem sein. Sie entsprachen sicher nicht jedermanns Geschmack und wirkten, als würden sie sich gut an Großvaters Füßen machen. Aber man muss die Details beachten und das kleine adidas-Trefoil aus Metall ist genial.

MONTREAL

Der Montreal kam in den frühen 1980er Jahren heraus und ähnelt im Design dem Centaur. Das Modell war als Jogging- oder Laufschuh gedacht, aber adidas konnte nicht anders und spielte mit ungewöhnlichen Farben – nur für die Ästhetik.

OLGA

Die Olgas sind ein Beispiel für ein Sport-Endorsement von adidas, allerdings mit unkonventionellem Design. Das Unternehmen stellte diese einfachen Schuhe als Gymnastikschuhe aus Nylonstretch mit Riemchen für eine gute Passform her. Es gab sie in Schwarz oder Weiß. Als in den späten 1970ern die junge Ostblocksportlerin Olga Korbut die Welt der Gymnastik anführte, schnappte adidas sie sich und druckte ihren Namen auf den Schuh.

PRO CONFERENCE

Der Pro Conference gehört zu den Vorstößen auf den Basketballmarkt, die adidas in den späten 1980ern anstrengte. Zu diesem Zeitpunkt fing adidas an, die Farben der Basketballschuhe zahmer zu gestalten und obwohl das Modell eine weiterentwickelte Version seiner berühmteren Brüder, dem Instinct und dem Centennial, ist, erhielt sein ruhigeres Design weniger Zuspruch.

PRO MODEL

Dieser klassische Basketballschuh von adidas ist im Grunde eine High-Top-Version des Superstar. Der Schuh kam in den frühen 1970ern heraus, anfangs ohne die Muschelkappe. Die früheren Versionen, gefertigt in Frankreich, waren aus Leder und hatten das goldglänzende Label auf der Zunge. Später war die Spitze halb Muschel, halb Wildleder und Mitte der 1970er gab es ihn mit Muschelkappe. Später kam eine Wildleder-Variante dazu.

PURE BOOST REVEAL

Für mich ist dieser Schuh definitiv eins der besten modernen Modelle von adidas, eine Zusammenarbeit von adidas Sport Performance, Y-3 und Originals. Die Designer erschufen diesen stylischen, leichten Schuh mit leistungsstarker Boost-Technologie und gaben eine Prise Lifestyle hinzu, damit wir uns in dem minimalistischen Design wohlfühlen.

RACE WALK

Der Race Walk wurde Anfang bis Mitte der 1980er Jahre als Spezialschuhe für Gcher produzicrt. Adidas zeigt mit der Farbwahl viel Selbstvertrauen, ein Bestseller wurde der Schuh damals nicht. Es gibt ihn außerdem in einem etwas konservativeren Weiß mit grünen Streifen, aber ich finde, diese Farben hier sind tausendmal besser.

RENO

Der Reno ist ein äußerst seltenes Exemplar aus der „Freizeit"-Serie von adidas, die bereits ausführlich in diesem Kapitel besprochen wurde. Typisch für sie ist der im Vordergrund stehende Komfort. Mit der Serie löste sich adidas radikal vom Schuh für sportliche Leistungen und wandte sich einfacher Bequemlichkeit und Muße zu. Und wieder einmal zeigt sich hier, wie adidas mit gewagter Farbgebung Effekte erzielen möchte. Zusammen mit dem Malaga und anderen gehört der Reno zur „spanischen" Serie.

ROD LAVER

Der Rod Laver ist einer der beliebtesten Tennisschuhe überhaupt. Er wurde 1970 in Zusammenarbeit mit dem großartigen australischen Tennisspieler Rod Laver entwickelt, dessen Name der Schuh trägt. Die Originalversion war Weiß mit Grün und hatte atmungsaktives Obermaterial aus Nylon. Das Modell ist nach wie vor beliebt und wird in immer neuen Farben und Materialien neu aufgelegt.

ROM

Rom war ein Modell, das adidas anfangs als Joggingschuh mit derselben Silhouette wie beim Country entworfen hatte. Zwar nannten einige Stimmen das Design simpel, bei den Casuals war er dennoch sehr beliebt, ganz besonders im Nordwesten von England.

SL72

Er kam für die Olympischen Spiele von 1972 (daher die 72 im Namen) heraus. Der SL (superleicht) ist ein Lauf- oder Joggingschuh mit ruhigeren, leiseren Farben als sein Stallgenosse, der SL73. Der 73 trug Farben wie Limonengrün oder leuchtend Orange mit Gelb.

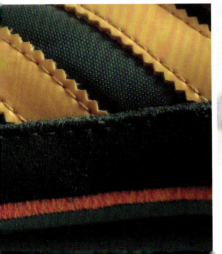

SL80

Das SL80-Modell wurde mit mehr Zubehör herausgebracht als die anderen Modelle der Serie, blieb aber im Grunde derselbe Schuh, obwohl es an ihm mehr Leder gab und Zehen und Ferse extra verstärkt waren. Der 80 hat eine „Grübchen"-Zunge und „Ghilly"-Ösen aus Kunststoff.

HANDBALL SPEZIAL

Dies ist ein weiteres Mitglied der adidas Originals x Spezial Sonderkollektion. Der Spezial wurde erstmals 1979 herausgebracht und war als Hallenhandballschuh konzipiert. Wie erreicht ein Schuh für einen Nischensport einen solchen Kultstatus? Klar verfügen sie über alles Gute, für das adidas steht: schlichtes Design und Understatement. Der Schuh wurde häufig von Fußballfans, die ihren Teams durch Europa folgten, mitgenommen. Die Reisen begründeten den Wettlauf um die neuesten Modelle. Dieses Modell ist rein Weiß mit einer farbigen Gummisohle. Welch ein Anblick!

TOP TEN LO

Der Top Ten kam in den frühen 1970er Jahren heraus und ist einer der ältesten Basketballschuhe von adidas aus Leder. Als älterer Schuh hat er eine dünne Sohle. Er schlug ein wie eine Bombe. Die frühen Modelle aus Frankreich oder Marokko sind die wertvollsten. Aufgrund seiner Beliebtheit produzierte adidas die Low-Version, die hier zu sehen ist.

TOURING SPEZIAL

Und noch ein Beispiel für die adidas Originals x Spezial Kollektion. Verschmelzen hier Sport und Freizeit zu einer modernen Erscheinung? Falsch! Schauen Sie sich diese Touring an – Bequemlichkeit trifft auf Leistung. Dieser Stil heißt „Freizeit". Gewöhnlich war das Modell braun gehalten, wodurch sie noch mehr wie Straßenschuhe wirkten. Das Original wurde von den originalen Casuals im Nordwesten Großbritanniens gefeiert. Eine spätere Kollektion wurde von einem breiteren Publikum wahrgenommen.

TRIMM MASTER

Diesen Schuh entwarf adidas für den Fitnessmarkt. Der Trimm Master ist nicht allzu bekannt und sehr selten. Im Gegensatz zu seinem jüngeren Bruder, dem Trimm Trab, war der Master aus Leinenstoff und für Hallensport gedacht, nicht für Draußenaktivitäten.

TRIMM TRAB

Mit diesem Schuh sollte man sich fit halten, aber Fitness war das Letzte, woran man dachte, wenn man die Trimm Trabs trug. Sie kamen in den frühen 1980ern als Laufschuhe heraus und wurden sofort von den Casuals in Beschlag genommen. Die Polyurethansohle mit Mulden ist eine Ikone aus der Zeit in den 1980ern.

TRX COMPETITION

Der Competition ist die Spitze der TRX-Serie, die in den 1980ern herauskam. Sie waren für Cross- oder Offroadläufe entworfen. Typisch für adidas, wo das Design an erster Stelle steht, wurden Stil und Leistung verknüpft und die hervortretende Sohle mit Mini-Dreiblättern für extra Halt versehen.

TWISTERS

Der Twisters kam 1985 heraus und kombiniert starkes Design mit ausgefallenen Farben und Materialien. Mit seiner extra Polsterung zielte er auf den sich entwickelnden Hip-Hop-Markt ab. Den Schuh aus glänzendem Nylon gab es unter anderem in rosa, gelb, himmelblau und rot sowie als High-, Low- und knöchelhohe Versionen. Sie sahen besonders aus. Ein Extra waren farbkodierte Schnürsenkel mit fruchtigen Düften.

VIENNA

Der Vienna ist der wahrscheinlich älteste Schuh, der für dieses Buch fotografiert wurde und ein frühes Beispiel für ein adidas-Design, das den Namen einer europäischen Hauptstadt trägt. Er gehört jedoch nicht zu den späteren „City"-Freizeitschuhen der Marke. Statt aus Wildleder ist er aus Leder, die Sohlen sind zu dünn, um bequem zu sein.

ZX 500

Dies ist einer meiner persönlichen, ewigen Favoriten. Der 500 ist der meistverkaufte, markanteste Schuh der ZX-Serie von adidas und kam Mitte der 1980er heraus. Bemerkenswert war der Mix aus Technologie und ästhetischem Understatement. Typisch war sein Material aus Nylon und Wildleder sowie seine harmonische Farbgebung. Der 500 war ursprünglich hellbraun mit gelben Streifen, ist aber seitdem auch in anderen Farben neu aufgelegt worden.

ZX 500 WEAVE

Ich bin jetzt schamlos selbstsüchtig: Der Original-ZX500 von 1984 ist einer meiner Lieblingssneaker. Für alle Zeit. Seither wurde der Originalschuh überarbeitet und sie haben ihn noch leichter und noch bequemer gemacht. Sie hielten sich dabei an den originalen Klassiker, verliehen ihm aber einen Hauch Modernität. Nun ist sein Obermaterial zweifarbig, seine Silhouette ist ein einziges Stück verwobenes Material, der ZX 500 Weave ist da – und ich trage ihn, während ich dies schreibe.

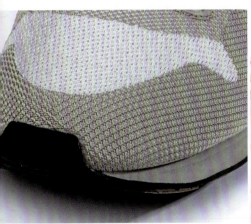

ZX5020

Dieses Mitglied der ZX-Serie war in den 1980ern in Großbritannien sehr beliebt. Er ist eine Abwandlung des früheren ZX500 mit leichten Veränderungen in der Ausstattung, die zu anderen Modellen führten. Die Version hier hat eine bezaubernd schöne Pastellfarbgebung und ist mit dem „Torsion"-Dämpfungssystem ausgestattet, das adidas so liebt.

700

Der 700 als Lauf-/Joggingschuh hatte eine bessere Ausstattung als der Rest der „00"-Serien aus den späten 1970ern/frühen 1980ern. Grundsätzlich standen höhere Nummern bei der Serie für gehobenere Ausstattung. Zu der Zeit legte adidas viel Wert auf Ästhetik und der 700 mit seiner melierten Zunge und den Stollensohlen lieh sich einiges aus der TRX-Serie.

SAMMLER
ROBERT BROOKS

Wer sich auskennt, weiß, dass Robert Brooks „der Mann" ist, wenn es um adidas geht. Der Grafikdesigner, geboren und aufgewachsen im Osten Londons, in Hackney, verbrachte seine prägenden Jahre mit Versuchen, seine Eltern zu überzeugen, ihm adidas ZX700, Forest Hills und Jeans zu kaufen. Aber er musste viele Schuhe an sich vorbeiziehen lassen.

Auch als Erwachsener begeistert er sich für adidas Trainingsschuhe und startete seine heute riesige Sammlung seltener Deadstock-Schuhe. Robert ist ein bekannter Fan von adidas mit dem Wissen eines Nachschlagewerks für adidas-Schuhe und die Marke. Die meisten Schuhe, die für dieses Buch fotografiert wurden, gehören ihm. Über Jahrzehnte baute sich Robert die wohl beste adidas-Sammlung auf, die ich bisher gesehen habe. Er hat sie alle – Raritäten aus den 1960ern: Jeans (3 Paare, alle Modelle), original Micropacers (2 Paare/2 Farben), Sondermodelle wie die „City" Serie, die Laufschuhe, die Tennisschuhe und ein Paar Kegler aus Straußenleder in einem goldenen Karton. Seine Leidenschaft für die Schuhe ist so groß wie seine Sammlung.

NH: Woher kommt diese Verbundenheit mit adidas?

RB: Ich glaube, da passiert bei mir auf mehreren Ebenen etwas. Zunächst hatte adidas die Schuhe, die am allerbesten aussahen, mit einem zeitlosen Design, und häufig waren sie den anderen weit voraus. Die Laufschuhe waren grandios: dieser Blick fürs Detail, die Qualitätsmaterialien, die

3M-Reflektoren und die Farbblöcke der Sohlen. Adidas ist für mich eng mit meiner Jugend verbunden. Für mich steht adidas für schwarze Ikonen der Kultur, wie Don Quarrie, Bob Marley, Daley Thompson und Wilma Rudolph, nach der die Gazelle benannt wurde. Soweit ich weiß, waren adidas die ersten, die schwarze Sportler unterstützten.

NH: Robert, Sie haben mehr als 200 Paar Deadstock adidas Schuhe, die meisten im Karton. Wie zeitaufwändig ist die Suche nach ihnen?

RB: Selbst, als ich noch zur Schule ging und wir eine Klassenfahrt nach Frankreich machten, dachten wir nicht: „Super, wir fahren nach Frankreich." Nein, wir wollten tolle Sneaker finden, solche, die es in England nicht gab. Natürlich fallen einem Deadstocks nicht in den Schoß. Man muss sie suchen. Aber das steigert nur die Aufregung, wenn man dann gute findet. Ich bat einen Freund, dessen Vater einen Sportladen hat, mich ins Lager zu lassen, in der Hoffnung, ich würde dort Deadstock adidas finden. Er glaubte nicht, dass da irgendwelche seien. Aber ich hatte dieses Gefühl. Irgendwann rief er mich an und sagte: „Komm ins Lager, du glaubst nicht, was ich gefunden habe." Da war ein Paar adidas Jeans, nach dem ich schon jahrelang gesucht hatte. Und dann stürzten wir uns aufs Lager. Man hörte nur noch „OH MEIN GOTT!" Ich fand Roms, Mercurys, Players und andere heiße Schuhe. Und Kartons, diese Kartons! Ich weiß noch, wie ich nach Deutschland fuhr, um Sneaker zu kaufen. Dieser Typ nahm uns mit nach oben und machte eine Tür auf. Sie wissen ja, wie es ist, wenn man den blauen Karton sieht? Dort waren Stapel davon, eine Wand von Kartons, um die zwei Meter, zwei Meter fünfzig hoch.

NH: Oh ja, ich kenne das Gefühl. Für mich ist die Suche fast genauso wichtig wie das Finden.

RB: Genau. Damals hatte ich nicht genug Geld, um die Schuhe zu kaufen, ich war noch zu jung. Ich wollte, was mein großer Bruder hatte. Ich wollte so sein wie er. Und wenn man dann endlich hat, was man wollte, ist es eine Wonne. Es ist komisch, dass sich Menschen heute in eine Kultur einkaufen wollen, die vor Jahren aktuell war. Dabei geht es nicht um den Preis oder wie viele Schuhe man besitzt. Mir geht es dabei um Erinnerungen an meine Kindheit im Holly Street Estate, das Abhängen im Dalston Methodist Youth Club mit meinen adidas an den Füßen.

NH: Eine Zeitlang wurde in Artikeln über Sportschuhe immer nur aufgelistet, was sie wert sind, was sie bei Ebay bringen.

RB: Oh Mann, das höre ich die ganze Zeit. Leute fragen mich: „Was kostet das Paar?" oder „Wie viel ist es wert?" Es ist das wert, was jemand bereit ist, zu zahlen! Für mich hängt der Wert der Schuhe nicht davon ab, für wieviel ich sie verkaufen kann. Mein Interesse gilt nur den Schuhen, nicht dem Geld.

NH: Der Hype um Sneaker ist zu groß heute, er beginnt bei den Teenie-Magazinen marschiert durch bis in die Stil-Bibeln.

RB: Ja, als ob jeder einen Krümel vom Kuchen abhaben möchte. Heute kannst du in einen Laden gehen, dir einen Schuh für 60 Pfund kaufen und ihn für 300 Pfund verkaufen, weil es eine Limited Edition war oder weil es einen Medienhype um ihn gibt. Sneaker sind gerade so angesagt, dass jeder über sie spricht. Ich weiß, was ich mag, darum suche ich lange danach.

NH: Ich weiß, nun wird es haarig, Rob, aber was würdest du sagen, ist die Nummer Eins aus deiner Kollektion?

RB: Eine Nummer Eins habe ich gar nicht, aber viele Favoriten: Jeans, den ZX800 oder den Micropacer. Ich weiß noch, als der Schuh rauskam und ich ihn in der adidas Connection in der Tottenham Court Road in London sah. Er wirkte auf mich wie ein Schuh für Astronauten. Leute meckern oft herum, dass adidas nicht auf der Höhe der Technologie arbeite – aber das war 1984 und im Schuh war ein Computer. Der Beweis steckt im Schuh!

BIG PLAYERS 147

NIKE MARKENGESCHICHTE

Es ist nur wenig mehr als 50 Jahre her, dass wir in einer Welt ohne Nike lebten. Seitdem hat sich die Marke vom frechen Neuling in der Sneakerwelt zur Nummer Eins des Massenmarkts entwickelt. Die Geschichte von Nike begann, als die Gründer sich an der University of Oregon kennenlernten. Hier trafen der Wirtschaftsstudent und Mittelstreckenläufer Phil Knight und sein Tutor, der College-Trainer Bill Bowerman, aufeinander. Nike sollte sich aus der Verschmelzung von Bowermans Innovationen im Sportsektor und Knights Marketing-Knowhow entwickeln.

Nachdem Knight in Japan gewesen war, bildeten sich 1962 die ersten Geschäftswurzeln von Nike heraus. Im Fernen Osten war Knight die Herstellung von Trainingsschuhen aufgefallen, die leistungsstark und sehr wettbewerbsfähig (also: günstig) war. Die Sneaker, die ihm ins Auge sprangen, waren die Onitsuka Tiger (einem Vorgänger von Asics). Knight setzte ein, was er in seinen Wirtschaftskursen gelernt hatte, und entwickelte die unternehmerische Idee, diese günstigen Hightechschuhe in die USA zu bringen.

LINKS Phil Knight (ganz links) und Bill Bowerman, die Gründer von Nike

Interessant ist, dass Knight sogar in diesem frühen Stadium bereits ein langfristiges Ziel hatte – die Marktdominanz des Platzhirschen adidas in den USA zu brechen.

Die Legende besagt, dass Knight und Bowerman mit diesem Ziel vor Augen jeder mit 550 Dollar ihre Partnerschaft festzurrten und ihre neue Firma Blue Ribbon Sports (BRS) nannten. BRS war der Vertriebspartner für Onitsuka Trainingsschuhe.

Nachdem sie eine Weile Onitsuka Schuhe bei Sportveranstaltungen aus dem Kofferraum verkauft hatten, fing die Firma an, zu wachsen. Zwei Vollzeitangestellte kamen hinzu, Freunde aus Collegezeiten und bekannte Bahn- und Feldläufer: Jeff Johnson und Steve Prefontaine (der dafür seinen Verkaufsjob bei adidas aufgab).

Die sportliche Hälfte der Partner, der Coach Bill Bowermann, bastelte

ständig am Design der Onitsuka Sneaker herum. Nach Gesprächen mit seinen Laufstudenten wollte er die Leistung von Sportschuhen verbessern und entwickelte schließlich ganz neue Modelle, einschließlich des Marathon, Boston und einem Vorläufer des heute legendären Cortez, den Corsair, für den japanischen Schuhhersteller.

Das Unternehmen erzielte immer größere Erfolge, hitzige Unstimmigkeiten zwischen BRS und Onitsuka führten aber dazu, dass BRS sich 1971 von Tiger trennte und eine Fabrik aufzog, wo sie eigene Schuhe produzierten. Das neue Unternehmen brauchte noch einen Namen. Es heißt, dass es die Idee von Jeff Johnson gewesen ist, die griechische Göttin des Sieges zu ehren und den Namen Nike zu wählen.

Auch ein Logo musste das junge Unternehmen für die Marke finden und in dem Zusammenhang entstand eine weitere, selbstgesponnene Legende (siehe Seite 151).

OBEN LINKS Nike-Werbung Mitte der 1980er Jahre
LINKS Katalog mit Laufschuhen aus den 1980ern

LINKS Eine Doppelseite des original Nike-Katalogs widmete sich der Air Jordan-Produktpalette.

Schritt und baute in Großbritannien ein eigenes Vertriebsnetz auf.

Erst 1985 sollte Nike zum großen Akteur werden. In diesem Jahr gelang es, einen bis dahin wenig bekannten Basketball-Neuling der Chicago Bulls, Michael Jordan, für ein Endorsement seiner eigenen Schuhlinie zu gewinnen. Selbst Nike hatte sich nicht vorstellen können, welche Auswirkungen das auf die Verkäufe haben würde. Die neue, mit Jordan beworbene Reihe katapultierte Nike und Sportschuhe generell auf ein komplett neues Niveau an Beliebtheit.

Nach Einführung der Jordans und deren Massenvermarktung begannen die „Schuhkriege" an. Alle Marken versuchten verzweifelt, der Konkurrenz einen Schritt voraus zu sein und setzten einen nicht endenden Prozess

Und dann wurde Nike mitsamt des brandneuen „Swoosh"-Logos auf die Welt losgelassen. Der Sportler und Nike-Angestellte Steve Prefontaine verschaffte Nike den ersten öffentlichen Auftritt bei den Olympischen Spielen 1972, wobei die am häufigsten gestellte Frage lautete: „Wer ist Nike?" Im selben Jahr produzierte Nike den Cortez. Nike hatte sofort Erfolg in den USA und innerhalb eines Jahres wurden fast 2 Millionen Paare verkauft. Dank ihrer konstanten Produktentwicklung wuchs das Unternehmen immer weiter und stellte bald schon eine ernstzunehmende Herausforderung für die etablierten Unternehmen des Marktes dar. 1981 entschloss sich Nike zu einem wichtigen

an Entwicklungen und Erfindungen technischer Hexenkunst in Gang. In den späten 1980ern schaffte es Reebok tatsächlich, Nike die Nummer Eins abzuluchsen (bei den Verkaufszahlen zumindest), aber Nike machte mit seinem „Just do it"-Slogan 1988 viel Boden gut und eroberte sich den ersten Platz beim Marktumsatz zurück – und hält ihn bis heute. Nike hat in seiner Geschichte ständig die Grenzen des Sportschuhdesigns nach hinten verschoben.

ENTWICKLUNG DES SWOOSH

1971 war das junge Unternehmen Nike bereit, seine Schuhe auf den Markt zu werfen und benötigte dringend ein Logo, das die Marke repräsentierte. Phil Knight wandte sich an einen Lehrerkollegen und verpflichtete die Grafikdesign-Studentin Carolyn Davidson für die Arbeit an der neuen Marke. Knight wollte ein Logo, das für Bewegung stand. Davidson lieferte einige Entwürfe ab, einer davon das erste „Swoosh", das heute so bekannt ist. Knight war nicht besonders glücklich mit den Entwürfen, aber die Deadlines rückten näher und die Entscheidung fiel auf das Swoosh. Knight gestand Davidson: „Ich liebe es nicht gerade, aber wir werden schon zusammenwachsen."

Und das taten sie.

OBEN Die Evolution des Swoosh-Logos (von links nach rechts): 1971, 1978, das Update von 1985 und der Solo-Swoosh seit den 1990ern.

Zwar bekam Davidson ursprünglich lediglich 35 Dollar für ihr Design, aber damit endete die Geschichte nicht. 1983 lud Knight Davidson zum Mittagessen ein und überreichte ihr einen diamantbesetzten Nike-Ring, dazu einen Umschlag, der Nike-Aktien enthielt. Wir wissen nicht, wie viele, aber eine dankbare Davidson gab an, für ihr Design gut entschädigt worden zu sein.

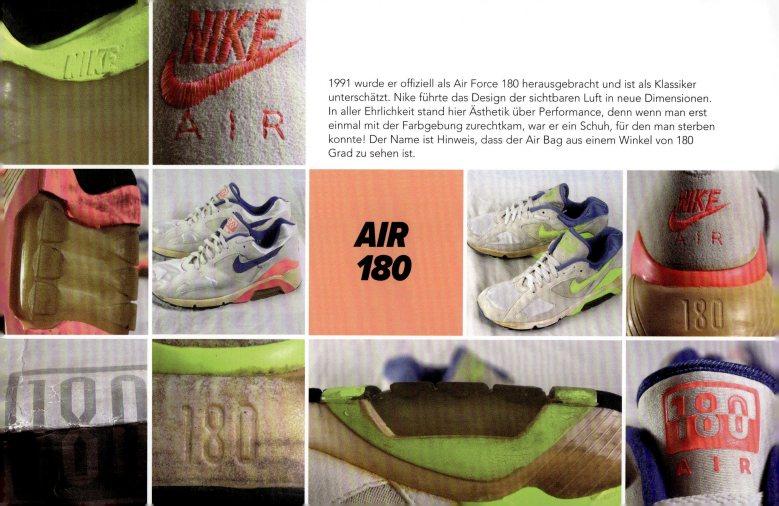

1991 wurde er offiziell als Air Force 180 herausgebracht und ist als Klassiker unterschätzt. Nike führte das Design der sichtbaren Luft in neue Dimensionen. In aller Ehrlichkeit stand hier Ästhetik über Performance, denn wenn man erst einmal mit der Farbgebung zurechtkam, war er ein Schuh, für den man sterben konnte! Der Name ist Hinweis, dass der Air Bag aus einem Winkel von 180 Grad zu sehen ist.

AIR 180

AIR BOUND

Der Air Bound aus dem Jahr 1991 war im Grunde ein mittelklassiger Basketballschuh. Neben einem aktuellen Design müssen die Marken alle Kunden und Geldbeutel beachten, der Bound war günstiger als andere Modelle. Wegen seiner Robustheit und der dicken Sohle trugen viele Ballspieler ihn auf Betonplätzen.

AIR FLIGHT LITE

Der originale Air Flight Lite wurde 1989 als Basketballschuh herausgebracht, in High- und in Low-Versionen. Er hatte denselben Sohlenaufbau wie der Jordan 4 und war bei Spielern der National Basketball Association wie Chris Mullin und Tim Hardway sehr beliebt. Diese spätere Version verwendete nicht das „Visible Air"-System des Originalschuhs.

AIR FOOTSCAPE

Der Air Footscape kam 1995 heraus und wurde umgehend ein Klassiker. Er gehörte zu einer „Neuen Welle" von Sneaker-Designs, die Nike produzierte. Die Idee dahinter war simpel – bei diesem war es die seitliche Schnürung für ein modernes Gefühl. Außerdem wurde der Schuh in kleinen Chargen herausgebracht, um seine Attraktivität zu erhalten.

AIR FORCE 1

Dieser Basketballschuh von 1982 mit durchgehender Luftkammer ist so ein Klassiker, dass er es fast in die Hall of Fame geschafft hätte. Die Nachfrage nach ihm ist so groß, dass er mehrmals mit kleinen Abwandlungen und anderen Farben neu herausgebracht wurde. Im Original trug er Weiß mit Rot oder Königsblau oder, wie der hier gezeigte, das seltene Grau.

BIG PLAYERS 157

AIR JORDAN 2 ▶

Der Jordan 2 stammt aus dem Jahr 1987, designt wurde er von Georgio Francis und Bruce Kilgore. Er sticht aus der Jordan-Serie heraus. Er wird bisweilen auch der italienische Jordan genannt, nach dem Land, in dem er produziert wurde. Als einzigen Jordan gab es den 2 nicht in Schwarz. Und er trug als letzter der Serie das „Wings"-Logo.

AIR JORDAN 3 ▶

Der Air Jordan 3 kam 1988 heraus und ist der wahrscheinlich beliebteste Schuh der Serie. Einige Dinge kommen bei ihm zum ersten Mal überhaupt vor. Er war der erste Jordan der Nike Designer-Legende Tinker Hatfield, der für alle Jordans bis zu Nummer 15 verantwortlich ist. Er trug als erster das „Jumpman"-Logo und hatte als erster den „Visible Air"-Sohlenaufbau. Regelmäßig wird er als „Bester Schuh aller Zeiten" ausgezeichnet.

AIR JORDAN 4 ▶

Der nächste Hatfield-Jordan, Nummer 4 von 1988, stützte sich stark auf den 3. Eine deutliche Veränderung war das „Flight"-Logo auf der Zunge, das es nur bei diesem Schuh gibt. Häufig wurden die Schuhe mit vorgeklappter Zunge getragen, so wurden die Air Jordan-Labels innen und verkehrt herum aufgenäht, damit sie von oben gelesen werden konnten. Zu den Kunststoffösen inspirierten die Ringe von Basketballkörben.

AIR JORDAN 5 ▶

Der Air Jordan 5 kam 1990 heraus und besitzt die zweifelhafte Auszeichnung, der erste Schuh zu sein, für den jemand getötet wurde. Es heißt, Hatfield wurde vom Mustang-Kampfflugzeug aus den 1940er Jahren inspiriert, zu erkennen an den „Haifischzähnen" an der Sohle. Der 5 war der erste mit dem durchsichtigen Plastiksegment der Sohle, durch das man das „Jumpman"-Logo sehen konnte. Und er hatte ein „Lace-Lock"-System.

AIR JORDAN 6

Der Air Jordan 6 kam 1991 als letzter der Serie mit einem kleinen „Visible Air"-Fenster in der Sohle heraus. Es heißt, das Modell hätte Probleme mit dem Luftfluss gehabt, woraufhin Michael Jordan ein zusätzliches Loch in die Spitze geschnitten hätte. Erwähnenswert ist das Schnürsenkel-Hakensystem, das das Anziehen erleichterte.

AIR JORDAN 7

Jordans wurden immer beliebter und Nike kurbelte die Produktion an. Der 7 wurde später im Jahr 1991 herausgebracht und sah dem 6 ähnlich, aber mit innerer Socke für mehr Komfort und besseren Sitz. Er war der erste Jordan ohne Nikes Swoosh-Logo. Und mit ihm wurde Jordans Trikotnummer, 23, Standardausstattung für alle Jordans.

AIR JORDAN 8 ▶

Der Air Jordan 8 kam 1992 heraus und zeigt deutlich ein neues Jordan-Design. Sein Designer Hatfield ließ sich von Nikes Air Raid inspirieren und setzte dasselbe „Kreuzgurt"-System ein, mit dem die Füße fest in Position gehalten wurden. Den 8 gab nur in drei Farbmustern – Schwarz/Rot, Weiß/Rot und Schwarz/Blau –, vermutlich, um die Verkäufe zu kontrollieren.

  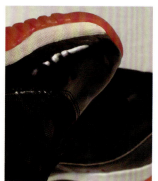  

AIR JORDAN 11 ▶

Der Air Jordan 11 fuhr die Ernte der jahrelangen Kaufverrücktheit um die Jordans im großen Stil ein. Als das Modell 1995 herauskam, hatte Nike den Hype um die Schuhe so auf den Punkt gebracht, dass er nach seinem Erscheinen der am schnellsten verkaufte Schuh aller Zeiten wurde. Der Air Jordan 11 landet in Umfragen in Magazinen und im Internet immer ganz oben.

AIR JORDAN 12 ▶

Das Modell kam 1996 heraus und, um ehrlich zu sein, finde ich ihn hässlich. Er ist hier abgebildet als Beispiel des Trends „Weltraum"-Schuhe, die den Sneakern nicht guttaten. Natürlich hat jeder seinen eigenen Geschmack und vielen gefällt er. Hier sieht man ein übergroßes Paar neben einer Babygröße.

AIR MAX 1, 90 & 95

Air Max 1 und 95 sind uns bereits in der Ruhmeshalle begegnet, das andere Modell hier ist der Air Max III, der unter dem Namen Air Max 90 (seinem Erscheinungsjahr) bekannt ist, als Wiederauflage mit neuem Farbmuster. Das Phänomen „Air" hat unverkennbar Spuren bei Sportschuhen hinterlassen. Die Idee ist simpel, aber sie wurde mit den Fenstern hervorragend weiterentwickelt – in Extremform beim Air Burst und 270 zu sehen.

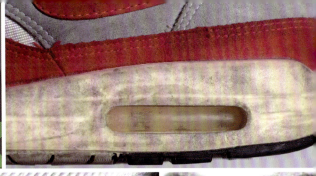

AIR MOCCASIN

Der „Air Moc", als der er bekannt ist, gehört zu der Heiligen Dreifaltigkeit der stilverändernden Schuhe (die anderen beiden sind der Max 95 und Footscape), die Nike Mitte der 1990er herausbrachte. Der Moc gehört zur ACG (All Condition Gear)-Reihe für „Outdoor-Abenteuer". Er ist eine bizarre Mischung aus Alt und Neu: Oben sieht er wie ein Mokassin aus, während die Sohle sehr dick und robust ist.

AIR MOWABB

Der Air Mowabb kam 1991 heraus und gehört zu den am meisten unterschätzten Modellen von Nike. Auch dieser Schuh ist Teil der ACG (All Condition Gear)-Serie und ist hochspezialisiert fürs Wandern oder Bergsteigen. Einige Versionen waren mit der Huarache „Innensocke" ausgestattet und ich bin überzeugt, dass diese sehr wohl Sammlerwert haben.

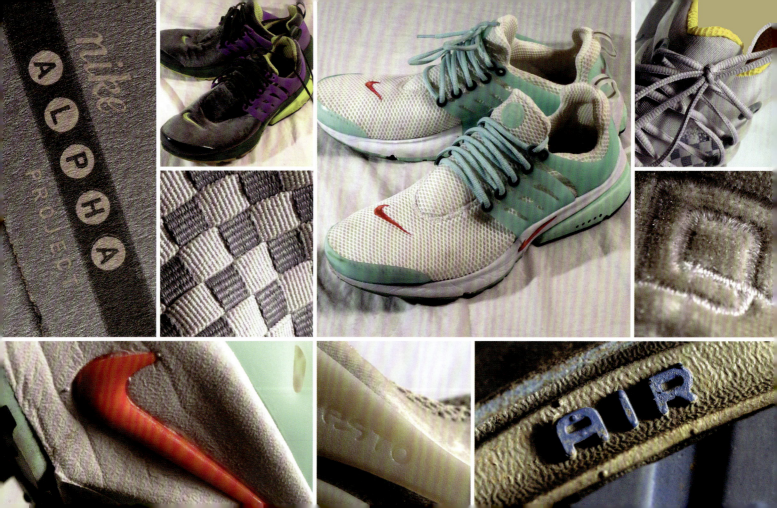

AIR PRESTO

Gerade denkt man, dass nun alles erreicht ist, da kommt Nike und beweist das Gegenteil. Im Jahr 2000 kam der Air Presto im klassischen Design heraus. Die klassische Form wurde mit modernen Materialien und Vorstellungen verknüpft. Nikes Laufschuhe scheinen in enger Beziehung zu den Basketballschuhen zu stehen – je besser die Laufschuhe werden, umso hässlicher werden die Basketballschuhe. Hier sind unter anderem die Varianten Presto Woven und Presto Suedes zu sehen.

AIR RAID

Das Air Raid-Modell erschien 1992 für 3-gegen-3-Basketballspiele, mit Sohlen speziell für Outdoorplätze. Das Modell zeichnet sich dadurch aus, dass es das erste mit dem Kreuzgurtsystem für festen Halt ist. Er war in vielen Farben erhältlich, einige davon nur für bestimmte Läden – dieser ist für Athlete's Foot.

AIR RAID PEACE

Als er 1993 herauskam, hieß der Schuh offiziell Air Raid II, bekannter ist er unter dem Namen Peace. In dem Versuch, den Konflikt abzumildern, der durch den Namen Air Raid (Luftangriff) entstand, entwickelte Nike dieses Modell mit harmonischen Botschaften hinten und einem Peace-Zeichen auf der Kreuzzunge.

AIR RIFT

Diese schockierenden Schuhe kamen 1996 heraus. Entwickelt wurden sie für das kenianische Laufteam, das traditionell barfuß lief und die Zehentrennung mochte (die grüne Farbgebung ist in den Nationalfarben Kenias gehalten). Nike ließ sich von den japanischen Ninjas inspirieren, die ähnliche Stiefel trugen. Von Onitsuka gab es in den 1950ern ebenfalls Zehentrenner-Sportschuhe in Japan.

AIR SAFARI

Der Air Safari kam 1986 als Laufschuh auf den Markt, fand aber damals nicht viel Anklang. Er hatte die Form des Air Max 1 übernommen, aber ohne das Luftfenster-Design. Um seinem Namen zu entsprechen, gab es den Safari in Leopardenfell- und Schlangenhautoptik.

AIR STAB

Der Air Stab kam 1988 raus und war offiziell Teil der „Air Max"-Familie, Laufschuhe, bei denen die Luft in der Sohle durch ein Fenster sichtbar gemacht wird. Die Bänder über der Mittelfußbrücke sollten „Bewegung entwickeln". Ich für mich finde, dass dieses Merkmal zusammen mit dem teilweise verdeckten Fenster ein gutes Design verdorben hat.

AIR TECH CHALLENGE

Der Air Tech Challenge – oder wie er häufiger genannt wird, der Air Agassi – ist ein Modell aus dem Jahr 1988. Der Schuh erhielt seinen Namen, als Andre Agassi als Werbefigur ins Boot geholt werden konnte. Damals wurden die verrückten Farben entwickelt, um dem ebenfalls bunten Tennis-Champion zu entsprechen.

AQUA SOCK

Beim Aqua Sock war Nike innovativ. Die Schuhe waren für Wassersportarten wie Surfen oder Bootfahren konzipiert. Sie sind sehr leicht und haben oben ein Meshgewebe, durch das Wasser austreten kann. Die Sohle ist stark genug, damit man im Wasser über Steine laufen kann. Der Schuh kam 1985 in den USA und 1990 in Europa heraus. Die knalligen Farben der Schuhe fanden sich in ihren Kartons wieder.

BLAZER

Er ist der Opa aller Nike Basketballschuhe und der älteste. Der Blazer kam 1973 heraus und sollte adidas und Converse von den Plätzen vertreiben. Die ersten Blazer hatten ein besonders großes Swoosh-Logo, sie waren aus Leder, Wildleder und Leinenstoff erhältlich. Das Design ist alles andere als bahnbrechend, aber es war ein Schritt auf dem Weg zum Giganten.

BRUIN

Auch der Bruin ist eins von Nikes ältesten Designs und dazu eine Legende. 1973–1974 kam er als Low-Basketballschuh heraus und ähnelt dem Blazer-Low sehr, jedoch gab es den Bruin in vielen verschiedenen Farben. Bemerkenswert war seine dicke Gummisohle mit Fischgrätmuster für besseren Grip.

CORTEZ LEATHER

Der Cortez ist nicht nur einer der ersten Schuhe des neugegründeten Unternehmens Nike, ihn verbindet die Geschichte mit dem japanischen Hersteller Onitsuka. Noch bedeutender ist allerdings, dass dies der einzige Schuh ist, den Nike seit Erscheinen 1972 durchgängig produziert.

DELEGATE

Der Delegate ist ein Spezialschuh aus dem Jahr 1984. Er hat zwei Merkmale, die Nike-Produkte normalerweise nicht aufweisen; erstens die Klettverschlüsse anstatt Schnürsenkel und zweitens wurde das Swoosh-Logo durch eine Perforation in seiner Form ersetzt.

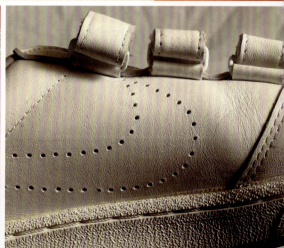

DUNK

Der Dunk kam 1986 heraus und wurde mit seiner großen Farbauswahl sofort auf dem amerikanischen Markt angenommen. Er wurde in High- und Low-Versionen gefertigt und wurde mit zwei Paar Schnürsenkeln in den jeweiligen Farben der Schuhe verkauft. Anfangs waren sie in Japan nicht erhältlich, aber schließlich machten die dortigen Modeliebhaber ihn zu dem Kultobjekt, das er heute ist.

FATZ

Das Modell Fatz kam 1988 für Cross- oder ähnliche Läufe über unwegsames Gelände heraus. Es hatte eine steife Sohle, ähnlich dem Lava Dom Wanderschuh, und eine Lederabdeckung des Schnürsenkelbereichs mit Klettverschlüssen. Das sollte Matsch oder Wasser abhalten, ins Innere des Schuhs einzudringen und die Schnürsenkel zu verschmieren.

FREE OG SP

Es ist erschreckend, dass das Nike Free Modell schon beinahe 20 Jahre alt ist. Das zeigt, wie hochmodern das Design damals war, denn es sieht aus, als wäre er gerade erst herausgekommen. Der Schuh gehört zu denen, die Nikes Technologie repräsentieren. Diese Blackout Edition kam zum 10. Geburtstag des Nike Free heraus und verdeutlicht die Nike Abstammung des Free Black Pack SP. Es ist selten, dass Modernität und Understatement zusammentreffen und ebenso selten ist es, den Autor in einem Modell mit moderner Technologie zu sehen, aber diesen (genau wie den adidas Weave) finde ich genial.

HUARACHE

1993 brachte Nike seine Huarache-Sportschuhserie heraus. Es gab eine Basketball-Ausgabe, einen normalen Laufschuh (hier in Weiß abgebildet) und den superleichten, hochwertigeren Huarache Racer (hier in Blau). Neu war die im Schuh angebrachte Socke und die Auslassung am Knöchel sowie eine Verstärkung am vorderen Fuß für zusätzliche Stabilität. Der Huarache, speziell der Racer, konnte viele Fans für sich gewinnen.

INTERNATIONALIST

Dieser klassische Nike-Laufschuh stammt aus einer Ära, die viele Menschen für die beste des Unternehmens halten. Der Internationalist kam 1982 heraus. Er hat die klassische Form, die man an vielen Schuhen der damaligen Zeit sieht. Er war einer der ersten Nike-Schuhe, zusammen mit dem Wimbledon, den die Casuals im damals adidas-süchtigen Großbritannien für sich entdeckten.

LAVA DOME

Nikes Lava Dome wurde 1989 herausgebracht als sehr früher Versuch des Unternehmens, einen Wander- und Bergsteigerschuh zu produzieren. Später wurde die Dome Schuhreihe für die Palette der ACG (All Condition Gear) entwickelt, die Anfang der 1990er Jahre herauskam. Der Lava Dome hatte eine sehr robuste Konstruktion und war wenig flexibel. Um ihn ansprechender zu gestalten, präsentierte Nike ihn der Welt der Wanderer in leuchtenden Farben.

OMEGA FLAME

Der Omega Flame kam 1983–1984 heraus und war ein Ablegerdesign der bereits existierenden Omega Serie. Er wurde damals nicht sonderlich angepriesen und ist außerhalb des inneren Zirkels der heutigen Nike-Fans nicht wirklich bekannt – er ist ein gut gehütetes Geheimnis. Der Name Flame (Flamme) spiegelt sich in den feurigen Farben des Obermaterials aus Nylon wider.

ROAD RUNNER

Der Road Runner zählt zu den berühmtesten Nylon-Laufschuhen von Nike aus den späten 1970ern. Er wurde 1976 herausgebracht und danach schien es, dass alle Nike Schuhe bis Mitte der 1980er aussahen wie er. Es gab auch eine Version für Frauen, den Lady Road Runner, der meist in weicheren Pastellfarben daherkam.

SCOUT

Der Scout ist ein nicht so bekannter Nike-Laufschuh der 1970er. Er kam 1977 heraus in dem Stil, den Nike über lange Zeit verfolgen würde. Wenn Sie darauf achten, werden Sie diese Art Sneaker in vielen Filmen und Krimiserien der späten 1970er entdecken.

TERRA T-C

Der Terra T-C aus dem Jahr 1982 führte die Tradition der klassischen Nike-Laufschuhe der späten 1970er fort, etwa des Road Runner oder des Scout. Der Look des T-C war nicht bahnbrechend, aber sein Design und seine Farben ergaben ein ansprechendes Produkt.

VALKYRIE

Wie der Terra T-C gegenüber ist auch der Valkyrie ein einfacher, aber klassischer Laufschuh von Nike. Zwar kam er 1982 heraus, dennoch erinnert der Valkyie an viele Nike Laufschuhe der vorherigen Dekade. Er stammt aus der Zeit, als Nike den Modellnamen auf der Zunge verzeichnete.

VANDAL SUPREME

Der Nike Vandal Supreme kam als Top-Modell der Serie 1987 heraus, in Neuauflage 2017, und löste großes Interesse aus. Diese Schuhe leuchteten, sie wurden aus schwerem Leinenstoff in Rot oder Grün mit einem goldenen Swoosh gefertigt, aber der Supreme erklomm ein ganz neues Level mit seinem leuchtend silbrigen Material und Fesselriemen in strahlenden Farben. Zu grell, um damals ein großer Erfolg zu werden, sind die Schuhe heute Teil der Nike-Folklore.

WAFFLE & WAFFLE RACER

Diese beiden gehören zu den erfolgreichsten Sportschuhen aller Zeiten. In den frühen 1970ern trug der Läufer Steve Prefontaine sie, heraus kamen sie 1974. Der Legende nach wurde Nike auf der Suche nach Wegen, die Sohle zu verbessern, vom Muster eines Waffeleisens inspiriert.

WIMBLEDON

Als Tennisschuh entworfen, hatte Nike dieses klassische Modell seit einigen Jahren in verschiedenen Ausführungen und unter unterschiedlichen Namen produziert. Als aber der Neue auf dem Tennisplatz, John McEnroe, sie 1979 beim berühmten Tennisturnier in England trug, bekamen sie diesen Namen.

SAMMLER
JEREMY HOWLETT

Ich sprach mit Mr Nike, der besser unter dem Namen Jeremy Howlett bekannt ist, in einem Raum, der mir als Deadstock-Jäger wie Aladins Höhle vorkam. Jeremy besitzt mehr als 3000 Paare der Swoosh-Marke, sein Wissen darüber fordert Mr Knight heraus. Jeremy war so nett und stellte die meisten der für das Buch fotografierten Nike-Schuhe zur Verfügung. Sein Enthusiasmus ist schwer zu beschreiben – wir hätten das Buch allein mit seinen Gedanken füllen können.

„Ich lebte in einer kleinen Stadt in England und bin über die Skater zu Sneakern gekommen. Ich liebte es, den Skatern wie Tony Alva in den frühen Tagen des Skatens zuzusehen. Alva und die anderen Z-Boys schienen immer Nike Blazers zu tragen, das löste etwas in mir aus.

Als wir einen Familienurlaub in Amerika verbrachten, kaufte ich einen ganzen Haufen der frühen Nikes. Das war etwa 1974 oder 1975. Nike war damals noch ganz klein und hatte nur eine begrenzte Auswahl im Angebot. Man konnte einen Schuh in der Low- oder denselben in der High-Version haben. Die Modelle, die ich sah, waren Blazers, Bruins und natürlich Cortez. Am meisten packten mich die Bruins.

Zurück in Großbritannien überredete ich meinen Dad, der ein Sportgeschäft besaß, den Versuch zu starten, die neue Marke zu importieren. Ohne jede Vorahnung, einfach nur, weil ich d e Schuhe so liebte und sie für mich und meine Freunde wollte. Abe- Nike war so klein, dass niemand sie bei uns verkaufte, es gab keinen Vertrieb. Schließlich fanden wir ein kalifornisches Tennisgeschäft, das für unseren Laden mitbestellen wollte. So starteten wir den Import früher Nike-Modelle hierher. Ich glaube nicht, dass irgendwer sonst das damals in Großbritannien machte. Vielleicht Soccer Scene in der Carnaby Street in London, aber sonst keiner.

Und so wohnten die vermutlich bestausgestatteten Nike-Träger in England überraschenderweise in einem verschlafenen Küstenstädtchen. Am Wochenende fuhren wir meistens nach London, um am Themse-Ufer zu skaten oder in den Brentford Rolling Thunder Skatepark zu gehen. Da sahen dann die anderen Kids unsere Schuhe und woll:e auch welche. Ein Freund und ich arbeiteten im Alpine Sports, einem Geschäft in der Londoner Innenstadt, weil dort Skaterkram verkauft wurde. Wir fingen an, Aufträge der Kids anzunehmen, die auch solche Schuhe wie wir haben wollten. Ich wurde zum Kurier, der die Schuhe, die mein Vater für sie bestellte, zu den Kids nach London brachte.

Das war damals einfacher als heute. Ab etwa 1979 importierte und vertrieb eine kleine Firma in Newcastle Nike in Großbritannien und wir bezogen unsere Schuhe von dort.

Meine Leidenschaft für das Sammeln von Nike-Schuhen entfachte erst so richtig um 1982. Das Angebot wurde größer und vielseitiger. Und John McEnroe gewann Wimbledon in dem Jahr in seinen Nike Wimbledons. Damit zog Nike in das Bewusstsein der breiten Masse in Großbritannien ein. Speziell die Casuals kamen in den Laden, um Wimbledons zu kaufen, vorher hatten sie Nike uninteressant gefunden. Und ich begann mit dem, was man Sammler nennt. Das war keine bewusste Entscheidung im Sinne von „Jetzt fange ich an", nein, ich liebte die Schuhe und die Marke einfach und wollte die neuen Modelle gleich bei ihrem Erscheinen haben. Auf diese Weise wuchs meine Sammlung.

Um ehrlich zu sein, bin ich obsessiv veranlagt – wenn ich etwas mache, dann richtig. Ich liebe Schallplatten, also habe ich eine riesige Sammlung. Das Sammeln war keine Entscheidung, es fand mich. Das mag bekloppt klingen, weil ich mehr als 3000 Paar Nikes besitze, aber ich war nie ein echter Sammler. Wäre ich es, würde ich die Schlappen nie tragen. Und ich kaufe nie, um zu handeln, deswegen kaufe ich auch nicht alle Modelle,

nur, was mir gut gefällt. Wenn zum Beispiel seltene Stücke oder knappe Auflagen herauskommen, kaufe ich nicht viele davon (was ich leicht tun könnte). Stattdessen gönne ich mir vielleicht zwei Paare und trage sie beide. Viele würden haufenweise kaufen und sie weiterverkaufen. Ich muss die Schuhe, die ich kaufe, lieben.

Wenn ich meine ewigen Top Five wählen müsste, wären dies: Air Jordan 3 (es gibt keinen anderen), Rifts (Mode kümmert mich nicht so, ich liebe sie und werde es immer tun), Omega Flames, Blazers und schließlich Bruins.

Obwohl der Air Jordan 3 mein Lieblingsschuh für immer ist, hat mich das Jordan-Phänomen nie richtig gepackt. Ich liebe sie, aber ich glaube, das ist eher so ein amerikanisches Ding, speziell der schwarzen Bevölkerung, und ist von dort um die Welt gegangen.

Ich glaube, man kann schnell abstumpfen und zynisch werden, wenn es um Sportschuhe geht, aber ich versuche, die frische Einstellung eines Menschen zu erhalten, der neu dabei ist, wie meine Frau Karen. Wenn ihr ein Schuh gefällt, trägt sie ihn. Ich neige dazu, mich auf die Assoziationen des Schuhs zu versteifen – wer trägt ihn, ist er ein alter Hut und so weiter –, aber ich finde es gut, wenn auch schwierig, diese frische Attitude einzunehmen. Die Sneakerwelt ist politisch, aber wenn ich Schuhe sehe, ist mir der ganze andere Kram egal und ich weiß wieder, worum es geht."

BIG PLAYERS 203

PUMA MARKENGESCHICHTE

OBEN Einer der Dassler-Brüder, der Puma-Gründer Rudolf Dassler

Die Geschichte von Puma ist eine Reise durch einige der größten sportlichen Erfolge der letzten etwa 65 Jahre. Aber nicht nur, denn Sneaker mit dem Zeichen des springenden Pumas mit dem „Formstreifen"-Logo waren an den Füßen fast aller modernen Jugendbewegungen jeder Generation in dieser Zeit zu sehen.

Pumas Geschichte und die des Gründers Rudolf (Rudi) Dassler beginnt 1948 in Deutschland, wie bereits erwähnt (siehe Seiten 88–91). Die Wurzeln der Firma reichen bis in die 1920er zurück und sind untrennbar mit adidas verwoben, gegründet von Rudolfs Bruder Adolf (Adi). An Puma ist jedoch mehr dran als nur die Geschichte zweier rivalisierender Brüder. Puma eignet sich mehr als adidas, um das Zerwürfnis der Dassler-Brüder zu erklären, aber dazu später mehr.

In harmonischeren Zeiten gründeten Rudi und Adi Dassler 1924 nach Kooperationen in der Sportschuhentwicklung in ihrer Heimatstadt Herzogenaurach in der Nähe von Nürnberg die Firma Gebrüder Dassler OHG. „Sie können nicht Sport treiben in Schuhen, in denen Sie sonst durch die Stadt laufen", so der Gründer von Puma. Und diese Einsicht war die Triebfeder hinter all den Verbesserungen an Sportschuhen, die die Dassler-Brüder einführten.

Nach ersten Erfolgen und erheblichem Wachstum verstrickten sich die Brüder in Streitigkeiten und beschlossen 1948, sich zu trennen. Rudolf gründete auf der anderen Seite der Stadt Rudolf

LINKS Das Original Puma-Logo, komplett mit „springender Katze"

Dassler Sport und stellte Schuhe unter dem Markennamen Puma (siehe Seite 207) her. Es heißt, dass Rudolf anfangs seine Marke Ruda nennen wollte, sich dann aber für die springende Katze entschied – Puma war geboren. 1951 ließ er die erste Version des Puma-Logos registrieren, das seitdem viele Veränderungen und Auffrischungen durchlaufen hat, bevor es das Aussehen erhielt, das uns heute so vertraut ist.

Einige Jahre später führte Puma 1958 den „Formstreifen" ein, das Logo, das wir bis heute auf fast allen Puma-Schuhen sehen.

Das geschah nicht allein unter ästhetischem Gesichtspunkt, der Streifen sollte die Schuhe verstärken und haltbarer machen.

OBEN LINKS Frühe Super Atoms mit Pumas erstem Logo
LINKS Top Fit mit dem heutigen Formstreifen und Logo

Ein Erfolg jagte den nächsten, Goldmedaillengewinner bei diversen Olympischen Spielen und anderen internationalen Sportwettkämpfen trugen Puma. Puma kann für sich in Anspruch nehmen, als erste Marke Klettverschlüsse eingesetzt zu haben (1968). Um diese Zeit machten sich Puma und adidas auf, den amerikanischen Markt zu erobern, den die deutschen Marken in den 1970er Jahren dominierten. Ihre Schuhe aus der Zeit, wie der Clyde und der State/Suede, sind nach wie vor Kult.

In diesen Jahren bekam Puma die Art kultureller Anhängerschaft, für die jeder Hersteller sterben würde. Puma wurde Ende der 1970er/Anfang der 1980er besonders vom schnoddrigen, neuen Hip-Hop-„Tribe" bevorzugt (siehe Seiten 20–25).

1986 veränderte sich Puma dramatisch. Aus dem Familiengeschäft wurde ein an der deutschen Börse notiertes Unternehmen. Gleichzeitig ging der Umsatz in den späten

1980ern und den 1990ern für die „Old Skool"-Marken wie Puma und adidas allgemein zurück, als neue Akteure wie Nike und Reebok Erfolge feierten.

Puma kombinierte in letzter Zeit alte Designs mit neuen technischen Entwicklungen und gewinnt wieder Marktanteile für sich. Damit ist das Unternehmen auf dem Weg zurück zum Hauptakteur.

SPORTGESCHICHTEN
Nachweislich kann man behaupten, dass nicht jede Sportschuhmarke die Loyalität oder den Erfolg erfährt wie Puma. Das Unternehmen baute ausnehmend erfolgreiche Beziehungen mit den Fußballstars Pelé aus Brasilien, Johann Cruyff aus den Niederlanden und Diego Maradona aus Argentinien auf.

Einige Geschichten sind es besonders wert, erzählt zu werden: Johann Cruyff wurde von Puma gesponsert, die niederländische Nationalmannschaft allerdings vom Erzfeind adidas. Wenn Cruyff für sein Land spielte, riss er einen der drei Streifen von seinem Trikot ab, um die Verbindung zu adidas zu leugnen. Eine solche Demonstration wäre bei einem Superstar von heute nicht vorstellbar.

Der weltbeste und berühmteste Fußballspieler aller Zeiten, Pelé, trug Puma und entwickelte sogar Trainingsschuhe für sein Endorsement (siehe Seiten 80–83). Pelé legte bei der Weltmeisterschaft von 1970 Wert darauf, vor dem Anstoß seine Schnürsenkel zu binden, um die Aufmerksamkeit der Kameras auf seine Füße zu lenken, damit die Welt sah und registrierte.

OBEN Tommie Smith und John Carlos 1968 mit dem Black Power-Gruß

In einem Moment enormer kultureller Bedeutung zeigten die amerikanischen Sportler Tommie Smith und John Carlos den Black Power-Gruß, als sie 1968 bei der Olympiade in Mexiko ihre Medaillen erhielten. Ihre Puma-Sneaker, die für immer mit diesem berühmten Statement verbunden bleiben, ließen sie symbolträchtig auf dem Podest.

RIVALITÄT UNTER GESCHWISTERN

Auf jeder Seite des Flusses Aurach in Bayern steht jeweils ein Hauptsitz der zwei Dassler-Giganten. Die außergewöhnliche Familiengeschichte enthält all die Leidenschaft, Bitterkeit und Spannung einer Soap, aber im echten Leben. Der persönlichen Verbitterung, die diese Familie seit 50 Jahren entzweit, entspricht ihre skrupellose wirtschaftliche Rivalität. Puma erzählt die Geschichte der Dassler-Geschichte in etwa wie folgt:

Beide Unternehmen entstammen dem Genie von Herzogenaurachs örtlichem Schuhmacher Adi Dassler und seinem Bruder Rudolf. Während sie nach dem Krieg darum kämpften, geschäftlich wieder auf die Füße zu kommen, zerstritten sich die Brüder dermaßen, dass sie für den Rest ihres Lebens kein Wort mehr miteinander sprachen.

Was genau geschehen war, bleibt ein verschlossenes Geheimnis. Am Ende überquerte Rudolf den Fluss und gründete Puma. Auf der anderen Seite prägte Adi den Namen adidas für sein Unternehmen – der Wirtschaftswettstreit begann.

Frank Dassler, Rudolfs Enkel, verblüffte seine Familie, als er in sein neues Haus auf der adidas-Seite zog. „Ich brach die Regeln", sagt Frank. „Ich hatte Geschichten gehört, dass sich die Familie sogar geweigert hatte, beim selben Schlachter zu kaufen."

Adi und Rudolf sind zwar tot, ihre Feindschaft jedoch lebt weiter.

OBEN RECHTS Die erste Puma-Fabrik 1948
RECHTS Die Fertigung darin

BASKET

Es ist ganz einfach: Der Basket ist die Lederversion des State/Suede, einem zeitlosen Klassiker auf dem Basketballplatz oder überall sonst. Das Modell gab es in vielen Farben und Stilen, mit Formstreifen oder Perforationen und als Super Basket mit hochwertigeren Materialien. Ein großartiger Schuh.

BORIS BECKER ACE

Dies ist ein klassisches Beispiel eines berühmten Signature-Schuhs. Boris Becker war der jüngste männliche Spieler, der das prestigeträchtige Wimbledon Tennisturnier gewann und noch viele weitere. Puma brachte Beckers Unterschrift an einem der Tennisschuhmodelle an und rief den Boris Becker Ace aus weichem Leder ins Leben.

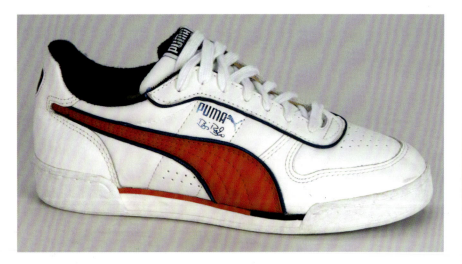

CAMPUS HI

Dieser Tennisschuh stammt aus den frühen 1980er Jahren, die hier abgebildete High-Top-Version ist äußerst selten. Er wurde in Italien gefertigt und ist, wie Sie sicher schon vermutet haben, von höchster Qualität. Werfen Sie einen genauen Blick auf das Schnürsystem mit Kunststoffösen.

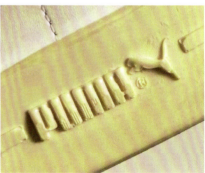

CLYDE

Der Clyde ist wahrscheinlich einer von Pumas berühmtesten und dauerhaft beliebtesten Schuhen. Tatsächlich ist er nur ein überarbeiteter State/Suede, aber als in den frühen 1970ern der Basketballheld Walt Clyde Frazier für ihn warb, wurden die Schuhe unglaublich populär und werden seitdem von Sammlern angefragt.

CROSS SKI

Dies ist zwar kein Trainingsschuh per se, aber es lohnt sich, ihn sich näher anzusehen, denn er belegt, wie Puma seine Expertise und Vielseitigkeit für eine große Bandbreite an Sportarten anwendete. Diese Schuhe wurden speziell für den anspruchsvollen Ski-Langlauf entwickelt.

EASY RIDER

Der Easy Rider ist ein widerstandsfähiges Gewächs und hält sich seit den frühen 1970ern. Er ist einer der berühmtesten und beliebtesten Sneaker aus Pumas riesigem Angebot und war bei seinem Erscheinen so revolutionär, dass er ordentlich Staub aufwirbelte. Gedacht als Jogging- und Trainingsschuh, hat er die berühmte Federbein-Sohle, seine Silhouette diente vielen anderen Puma-Schuhen der Zeit als Vorlage.

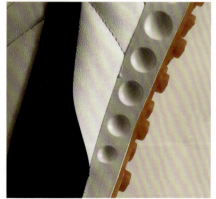

FIRST COURT SUPER

Der Frauentennisschuh kam zuerst in den frühen 1980er Jahren heraus, er sollte haltbar, bequem, leistungsstark sein und fantastisch passen. Der First Court Super hat statt Formstreifen Performationen und breite Klettverschlüsse. Die Ganzlederdecke hat eine gepolsterte Zunge und einen Knöchelkragen.

GV SPECIAL EXOTIC

Ein Schuh, der riesigen Anklang beim geneigten Autor findet, eins der ersten Modelle, die ich besaß. Der G Vilas war ein hochspezialisierter Schuh, der 1981 zuerst herauskam und dem der argentinische Tennisprofi Guillermo Vilas seinen Namen verlieh. Aber dieser Schuh wurde Teil der Sneaker-Folklore, als der einflussreiche Sneaker-Tribe der Fußball Casuals ihn für sich entdeckte. Dieses Paar gehört zu einer überarbeiteten Ausgabe in einer ganz neuen, naja, vielleicht exotischen Farbgebung – völlig schwarz, als Teil des „Ein Hauch von Klasse"-Konzepts von Puma.

JAMS

Dieser Basketballschuh von Puma stammt aus den frühen 1980ern und war ein später Versuch des Unternehmens, den ununterbrochen wachsenden Basketballmarkt, in dem adidas, Converse und Nike das Sagen hatten, zu erobern. Da Puma sich lange herausgehalten hatte, gerieten die Verkaufszahlen ins Hintertreffen.

JETTER

1981 kam der Jetter als hochqualitativer Jogging- und Laufschuh heraus. Dieser ausgezeichnete Schuh war für ein wöchentliches Training von etwa 65 Kilometern ausgelegt. Das Obermaterial war starkes Oxford Nylon mit seitlichen Verstärkungen aus Wildleder. Der Jetter war in vielen Farben erhältlich und entwickelte sich zu einem der beliebtesten Schuhe von Puma. Die Krönung der Serie war der Jetter SL (superleicht).

JOPPER

Leider wurde dieser wunderbare Puma-Schuh, der in den 1980ern herauskam, nur für Kinder produziert. Das Design des Jopper war ein Echo seines Bruders für Erwachsene, des California, aber seine Farbgebung war einzigartig. So schade.

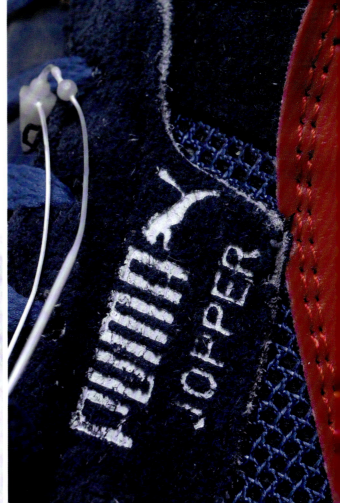

LEATHER DISC CAGE LUX

Diese wegweisende Abwandlung von Pumas Schwesterschuh, dem Trinomic, entstand in den 1990ern. Besonders ist, dass er zu den Schuhen mit einem Verschlusssystem ohne Schnürsenkel gehört. Puma wollte seinen Ruf als Qualitätshersteller mit dem Puma MMQ auf der Grundlage alter Linien feiern: Puma macht's mit Qualität (MMQ). Diese Bezeichnung frischt alte Modelle durch Performance-Merkmale aus und orientiert sich an Streetwear. Dieser MMQ gibt dem Signature-Cage des Disc einen neuen Look mit Kork wie beim Brazil, das feine Nubuk-Leder sorgt für den Namenszusatz „Lux". Eine interessante Kombination – Technologie trifft auf natürliche Materialien der Spitzenklasse.

PELÉ

Das hier ist für Sammler der Heilige Gral der Signature-Endorsementschuhe. Allerdings nicht wegen seiner Umsatzzahlen. Pelé war der vermutlich beste Fußballspieler in der Geschichte dieser beliebtesten aller Sportarten. Er unterzeichnete seinen Vertrag mit Puma vor der Weltmeisterschaft 1970 und trug auch weiterhin Puma-Schuhe und -Ausrüstung. Wir verdanken ihm den Pelé Brazil, Rio, Grant, Santos, All-Round und einige mehr.

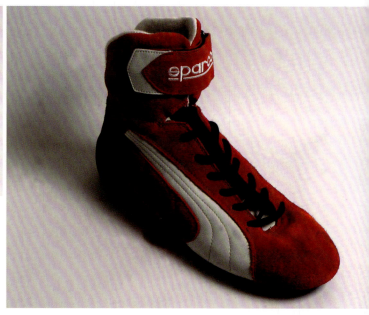

RACE CAT HI (SPARCO)

Auf der Suche nach neuen Märkten schaute sich die Marke bei allen möglichen sportlichen Aktivitäten um. Der Race Cat Hi (auch als Sparco bekannt) war speziell für Autorennfahrer gedacht. Das hielt eine neue Generation modebewusster Menschen nicht davon ab, ihn zu kaufen.

RALPH SAMPSON HI

Dieser High-Top-Schuh wurde durch den legendären Ralph Sampson von den Houston Rockets und seiner 52er Schuhgröße berühmt. Ralph sagte, „Beim Basketball musst du rennen und das ganze Spiel durchhalten. Die Schuhe machen den Unterschied. Es war toll, mit den Designern von Puma zu arbeiten, weil sie sich mit der Technologie auskennen und ich ihnen Informationen darüber, was wir brauchen und sich gut anfühlt, vermitteln konnte."

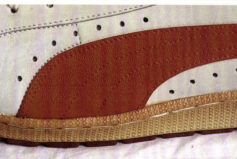

ROMA

Dieser einzigartige Trainingsschuh war von den Olympischen Spielen in Rom inspiriert, und wurde in den 1970ern entworfen. Der Lederschuh wird von Sneaker-Freaks in der ganzen Welt geliebt und getragen. Das Obermaterial ist aus Rindsspaltleder, er hat eine gepolsterte Zunge und eine verstärkte Ferse.

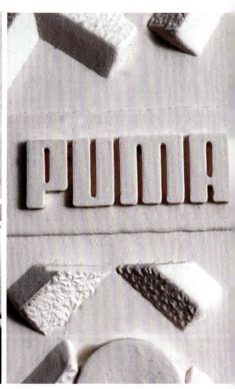

SCHALLEN BOXING

Oh Mann, diese Marken haben echt daran gearbeitet, bei allen möglichen Sportarten vertreten zu sein. Dies ist ein sehr früher Puma-Schuh speziell fürs Boxen. Moderne Boxer würden sich wohl nicht übermäßig darüber freuen, die schweren Ganzlederschuhe durch den Ring zu schleppen.

SKY HI & LO

1982 kam der vermutlich für immer erfolgreichste Basketballschuh von Puma heraus. Es gab ihn in High- oder Low-Modellen, er sollte Verletzungen verhindern und maximalen Komfort bieten. Viele NBA-Superteams trugen den Sky, einschließlich der Boston Celtics. Wahre Berühmtheit erlangte er, weil die Breakdancer in den 1980ern ihn trugen. Diese High-Top-Version ist in den Farben der L. A. Lakers gehalten – Lila und Gelb.

SPECIAL

Von diesen gibt es nur wenige. Der Special wurde speziell fürs Ringen entwickelt und war bei japanischen Sumo-Ringern sehr beliebt. Die Schuhe haben eine verstärkte Ferse, die beim Ringen hilfreich ist. Die springende Katze hinten auf dem Schuh ist in das originale Katzenauge eingefügt und sollte sich um die Achillessehne schmiegen.

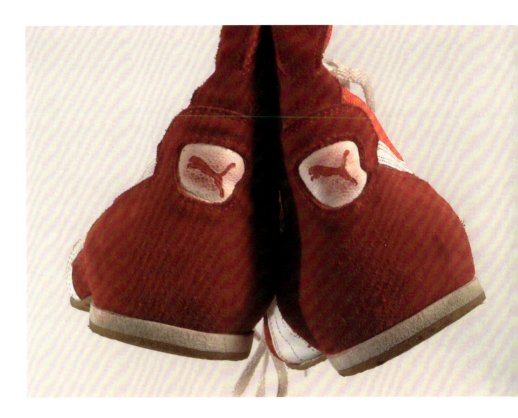

STATES

Der definitiv bekannteste und beliebteste aller Puma-Schuhe! Mit seinem klassischen Design verdient er eine breite Zuneigung und seinen Platz in der Hall of Fame (siehe Seiten 50–51). In den USA wird er als Suede verkauft. Die Hanf-Version (das Material, aus dem er gemacht wird) ist sehr gefragt und selten.

STEPPER MMQ

„Weniger ist mehr" ist ein Motto, das mir gefällt. Man muss ehrlich sagen, dass es keinen großen Unterschied zwischen diesem Stepper MMQ und dem originalen Suede/State gibt, und ein sehr ähnlicher Schuh kam bereits 1984 heraus – der Ankle High. Aber gerade die wenigen Zentimeter mehr am Knöchel machen etwas ganz Neues aus ihnen. Für mich haben sie die fast perfekte Höhe und Formgebung – kein Low, kein High ist einfach nur perfekt. Auch dies ein Teil des MMQ (Puma macht's mit Qualität)-Angebots. Die klassischen Farben und hochwertigen Materialien, besonders diese Farbe, machen ihn zu einem hinreißenden Schuh.

SUEDE „CRAFTED"

Er kam 1968 heraus und ist seit Langem einer der bedeutendsten Sneaker in der Geschichte des Schuhwerks. Puma beschloss, das Kultmodell zu feiern und es mit einem hochkarätigen „Handwerkspaket" zu verbessern. Die Marke hielt sich an die eigentliche Bedeutung von Handwerk und produzierte eine Reihe eleganter Interpretationen klassischer Modelle. Dazu gehörte die Verwendung von Luxusmaterialien unter gleichzeitiger Beibehaltung des ursprünglichen „Understatements" der Modelle. Dieser Schuh ist die Oberklasse des Suede.

WIMBLEDON

Der Wimbledon, ein hochqualitativer Tennisschuh, hatte sein Debüt auf dem weltberühmten Rasentennisplatz in den 1960ern. Vor 1988 wurde dieser Schuh noch immer in Westdeutschland gefertigt. Das Katzen-Markenzeichen auf der Ferse war noch das originale Katzenauge, das der Verstärkung diente. Der Formstreifen ist durch Perforationen angedeutet, für bessere Belüftung und gutes Aussehen.

REEBOK MARKENGESCHICHTE

Das mag für einige überraschend sein, aber Reebok kann wahrscheinlich den berechtigten Anspruch stellen, die älteste und authentischste Sneaker-Marke von allen zu sein. Lange wurde Reeboks Entstehung mit der Geburt von Aerobic in den 1980ern oder den vielberichteten „Schuhkriegen" mit Nike im selben Sport in Zusammenhang gebracht. Nichts könnte unwahrer sein. Dunlop behauptet, als erster Sportschuhe hergestellt zu haben und Converse sagt dasselbe über seine Keds. Aber diese Marken produzierten hauptsächlich Gummi für industrielle Anwendungszwecke, was schließlich zur Herstellung von Sportschuhen führte (die frühesten sind die Keds und Chuck Taylor aus dem Ruhmeshallen-Kapitel). Im Gegensatz dazu begann Reebok direkt als Sportunternehmen, das Laufschuhe herstellte.

Den Anfang nimmt die Reebok-Geschichte im Jahr 1895 in Bolton, England. Ein örtlicher Läufer der Bolton Primrose Harriers wünschte sich Laufschuhe zur Leistungssteigerung.

Der Läufer hieß Joseph William Foster. Er entwickelte Schuhe mit Spikes. Als sich das herumsprach, stieg die Nachfrage und er stellte plötzlich Schuhe für seine Mannschaftskameraden und später für andere Interessenten her. Foster erkannte bald, dass er einen Nerv getroffen hatte

LINKS Reebok besinnt sich auf seine Wurzeln in den 1970er Jahren.

OBEN Eine Foster-Anzeige von 1936

und machte sein Hobby zum Vollzeitjob. Das Ergebnis war der Foster Deluxe Spikes.

Nicht nur war Foster ein aufstrebender Erfinder, er hatte auch noch weitere Pfeile im Köcher. Schnell realisierte er den Wert der Werbung und startete eine Marketing-Kampagne, die den Mitgründer von Nike, Phil Knight, hätte erröten lassen. 1905 versandte Foster kostenlose Probeexemplare seiner Schuhe an Weltklasseläufer. Wenn sie sich mit begeisterten Briefen bedankten,

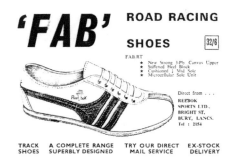

OBEN Eine Reebok-Anzeige von 1958

OBEN LINKS Anzeige mit der Unterschrift des Rekordbrechers Sydney Maree
OBEN RECHTS Reebok und die Royals

veröffentlichte er diese zufriedenen Zuschriften in den Zeitungen ihrer Heimatländer, damit alle sie lesen konnten. Trotz der Erfolge waren es erst Fosters Enkel Joseph und Jeffrey, die den Markennamen 1958 festlegten, der heute so geläufig ist – Reebok. Inspiration dafür war die leichtfüßige afrikanische Gazelle. Reebok schluckte schließlich J. W. Foster & Son, das der unternehmerische Großvater gegründet hatte.

Nach Jahren stetigen, aber stillen Wachstums und ebensolcher Entwicklung beschloss Reebok, die Menschen an die Existenz des Unternehmens zu erinnern. Für eine Firma, die zweifellos die älteste aller Sportschuhmarken ist, ist es seltsam, mit dem jüngsten und „schwierigsten" Produkt des heutigen Marktes assoziiert zu werden.

BIG PLAYERS 237

Reebok 🇬🇧

FREESTYLE

FITNESS

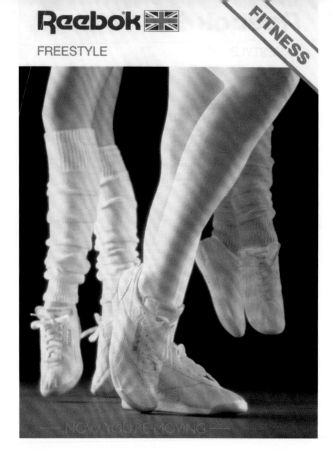

Die Strategie war einfach: Zwar versorgte Reebok 28 Länder weltweit mit seiner Sportausrüstung, in die Höhe schossen die Verkaufszahlen aber erst, als das Unternehmen die USA belieferte.

1979 erteilte Reebok die Vertriebslizenz für das Reebok-Sortiment an Paul Fireman. Er führte drei neue Laufschuhe ein und verkaufte alle für mehr als 60 Dollar, was sie zu den teuersten Schuhen auf dem Markt machte. Das war ein risikoreicher Schachzug, aber das Ergebnis war für Fireman und Reebok phänomenal. Die Nachfrage explodierte und Verkäufe von 1,5 Millionen Dollar allein in Amerika führten dazu, dass die Reebok-Fabrik in Bolton mit der Produktion überfordert war. Um seine Kapazitäten zu erweitern, errichtete Reebok eine neue Fertigungsstätte in Südkorea.

Damit nicht genug, denn Reebok – ein Unternehmen, das als neu empfunden wurde – sollte die Sportschuhindustrie für immer verändern. Gerade, als es den Anschein hatte, dass Sneaker Sneaker waren, erkannte Reebok eine Marktlücke und brachte den Freestyle heraus, einen Damenschuh speziell für Aerobic. Der neue Gesundheits- und Fitnesswahn hatte vor allem Frauen ergriffen und der Markt hob ab – und zog Reebok mit. Plötzlich schoss Reebok direkt in den Olymp der Sneaker-Verkaufszahlen.

LINKS Reebok setzt mit dieser Werbung eine neue Marke für Fitness, Komfort und Fitnesswahn.

Schritt voraus zu sein. Reebok machte einen riesigen Schritt mit dem Pump Court Victory und zwang Nike, mit dem Air Max zu antworten. Es schien nun, dass jeder in diesen Markt drängte. British Knights erschien auf der Bildfläche und auch L.A. Gear hob sein Haupt und steigerte seinen Marktanteil von 1 Prozent im Jahr 1981 auf über 40 nur drei Jahre später (und verlor ihn Mitte der 1990er wieder).

Die Assoziation mit den Sneakertrends der späten 1980er sollte Reebok später heimsuchen. Unglückseligerweise brachte Nike den Jordan heraus und blickte nicht zurück – was Verkaufszahlen betraf. Reebok rutschte die Verkaufscharts herunter und versuchte, einige der Modeassoziationen, die dem Unternehmen anhafteten, in dieser Zeit abzuschütteln.

Der große Bruder des originalen Pumps, der Instapump Fury, kam 1990 heraus und wurde ein Erfolg. Der Schuh galt allgemein als technologischer Durchbruch, gleichzeitig brachten ihm dieselben Eigenschaften Kritik ein. Der Schuh war „laut" und „futuristisch", der Gimmick wurde verspottet.

Heute ist Reebok ein gut etabliertes Unternehmen mit dem Reebok Classic als meistverkauftem Schuh in den USA. Absonderlich ist, dass Reebok überall besser angesehen ist als im eigenen Land.

Man kann sagen, was man will, aber Reebok hat schon immer einen großen Einfluss auf die Entwicklung von Trainingsschuhen und den einzigartigen Anspruch, die älteste Sneaker-Marke zu sein.

OBEN Zwei von Reeboks besten – der Pump und der Classic Leather

In den 1980er Jahren tobte der „Schuhkrieg" um die Marktdominanz hauptsächlich zwischen Reebok und Nike und wurde durch gewaltige Werbebudgets angeheizt. Plötzlich lag der Schwerpunkt auf Gimmicks, um der Konkurrenz einen

ARTHUR WINT (Jamaica), Olympic 400m. Champion. Time : 46.2 secs., equals Olympic record.

Mr. J. W. Foster

Death of Well-known Athletics Official

The death, this morning, of Mr. J. W. Foster (52), of 59, Deane-rd., Bolton, will be regretted in athletic circles all over the country and particularly in Bolton and district.

Mr. Foster had been in failing health for five years, and never recovered from a stroke which occurred in October of last year. Deceased founded his successful athletic shoe business at Deane-rd. in 1900, and was well known through this medium abroad as well as at home. The firm of J. W. Foster and Sons manufactures shoes for athletes all over the world, and supplies football training shoes to Association and Rugby football clubs throughout the British Isles, including all the big League clubs.

Mr. J. W. FOSTER

FAB' ROAD RACING SHOES 32/6

FAB RT
- New Strong 3-Ply Canvas Upper
- Stiffened Heel Block
- Cushioned 2 Mid Sole
- Microcellular Sole Unit

Direct from . . .
REEBOK SPORTS LTD.,
BRIGHT ST.,
BURY, LANCS.
Tel : 2154

A COMPLETE RANGE SUPERBLY DESIGNED — TRY OUR DIRECT MAIL SERVICE — EX-STOCK DELIVERY

BB 5000

Dieser Reebok-Basketballschuh der Oberklasse kam während der Wachstumsdekade des Unternehmens heraus, in den 1980ern. In dieser Zeit verzeichnete die britische Firma massive Zuwächse im Basketballmarkt mit erfolgreichen Schuhen wie dem BB 5000.

CLASSIC NYLON

Der Classic Nylon gehört zu der berühmten Classic Linie von Reebok und war in den 1980ern praktisch der Standard-Laufschuh. Dies war das Einstiegsmodell und preislich so gestaltet, dass es auf das untere Ende des Marktes abzielte.

CONQUEST

Der Conquest kam zeitgleich mit dem Classic Nylon in den 1980ern heraus und war für den ernsthafteren Läufer gedacht. Er war hochwertiger verarbeitet mit qualitativ besseren Materialien wie Leder und dadurch natürlich auch teurer.

EX-O-FIT

Mit einem Auge auf den sich entwickelnden Trend der 1980er wurde dieser ziemlich seltsame High-Top-Hybrid von Reebok für den neuen Aerobic-verrückten Markt hergestellt – allerdings für Männer.

WORKOUT

Dieser weithin beliebte Aerobic Schuh von Reebok stammt aus den 1980ern und wird bis heute gut verkauft. Der Workout war einer der ersten „Fitness"-Schuhe speziell für den männlichen Markt.

FELL RUNNER

Reebok brachte ihn in den späten 1970ern heraus. Das Design des Fell Runner orientierte sich an der englischen Heimat in Bolton und war für solch hoch gelegenes Cross-Country-Gelände konzipiert, das dort „Fell" genannt wird.

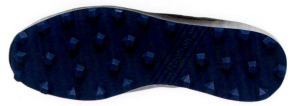

FELL RACER

Der Fell Racer ist eine leichtere Version des Fell Runner und hatte generell eine bessere Ausstattung. Dadurch wurde er teurer und sollte für den professionellen Läufer interessant sein.

FREESTYLE HI SPIRIT

Dies ist eine Wiederauflage des einstigen Classic als Freestyle Hi Spirit. Er gehört zu Reeboks Classic „Spirit Pack" für Damen. Reebok präsentiert die klassische Silhouette in knallroter Farbgebung, in Ganzleder und einer komplett roten Sohle. Dieser einfache Kniff gibt der „alten Dame" einen großartig modernen Look.

NPC

Einer der berühmtesten Schuhe aus dem Reebok-Stall ist der Newport Classic (oder NPC), ein Tennisschuh aus weichem Leder. Weil er dermaßen bequem ist und einen Klassik-Look hat, wurde der NPC zu einem der beliebtesten Reebok-Schuhe.

PUMP FRONT COURT VICTORY

Dieses revolutionäre Design stammt aus dem Jahr 1989. Durch Pressen oder Pumpen des „Basketballs" konnte die Zunge oder die Blase darin aufgeblasen werden, damit der Schuh fester saß. Das sah nicht nur gut aus, es funktionierte auch.

SAMMLER
BOBBITO GARCIA

Bobbito (Robert Garcia) ist ein geborener New Yorker. Er ist der vermutlich bekannteste Sneaker-Sammler und anerkannt als Quelle des Wissens über Sportschuhe in den USA.

„Ich nehme an, auf Sneaker bin ich so richtig über meinen Bruder aufmerksam geworden. Er war ein echter Basketball-Junky und hat sich schwer für Sneaker begeistert. In den 1970ern gab es diese Sneaker-Dudes, Typen, die diesen Kram echt gelebt haben. Damals steckte Hip-Hop in seiner präpubertären Phase, die Liebe zu Sneakern kam aus der Basketball-Community. Weißt du, wenn du auf den Straßen von New York Basketball spielst, dann machen Sneaker den Unterschied auf den Betonböden. Es ist wichtig, ein gutes Paar Sneaker zu haben, eins, das was aushält.

Als Hip-Hop dann da war, wurden die Sneaker endgültig zum Statussymbol. Diese Typen schafften es, dass ihre Schuh immer leuchtend weiß waren. Mein Glück war es, in einer Zeit hineingeboren zu sein, in der ich beide Bewegungen mitbekam und beide hatten großen Einfluss auf mich. Ich liebte Hip-Hop, nicht fanatisch, aber ich stand drauf und das von Anfang an. Ich war aber durch und durch Basketballspieler, bin ich immer noch. Basketballspieler waren echt verrückt nach ihren Sneakern und sie haben auch was mit den Sneakern gemacht. Basketballschuhe hatten die Farben der Collegeteams und Schulen, so dass es die total verrückten Farbkombinationen bei Sneakern in erster Linie wegen Basketball gab. Basketball hat uns auf seltene Sneaker gebracht. Eigentlich dominierte keine Marke, es gab keine Markenloyalität in den frühen 1970er oder 80ern. Tatsächlich war die Szene anti-markenloyal. Es ging immer nur darum, den anderen voraus zu sein: Wenn Nike angesagt war, zum Beispiel, wollte ich Puma oder Avia tragen. Es ging darum, deiner Zeit zwei Jahre voraus zu sein.

Wenn ich meine fünf Lieblingssneaker aller Zeiten nennen sollte, wäre auf dem ersten Platz der Nike Franchise von 1981 in den Columbus-Farben, Hellblau/Schwarz, mit gummierten Sohlen. Man muss bedenken, das war die Zeit vor Jordan und man sah damals keine hellblauen und schwarzen Sneaker.

Nummer zwei wäre Nike Air Force 1 aus dem Jahr 1983 – das Paar mit der Nylon-Mesh-Perforation in der Spitze. Das waren die Basketball Air Force drei Jahre, bevor sie als Modeschuh übernommen wurden. Sie sind wirklich sehr selten. Meine Nummer drei ist der adidas American von 1975/1976, der Basketballschuh.

John Wooden Wilson Bata ist die Nummer vier. Dieser Schuh taucht in der Liste auf, weil er so selten ist. 1977 taten sich Bata und Wilson aus irgendeinem Grund zusammen, um einen Sneaker zu designen – das war dieser. Er war der erste Sneaker mit Polyurethan und nur ein Jahr auf dem Markt. Dieser Sneaker ist selten, selten, selten!

Und Nummer fünf ist der Puma Sky LX aus 1986, in Burgunderrot und Weiß. Von 1994 bis 1997 war ich öfter als Berater für Nike tätig, mal gegen Bezahlung, mal nicht. Der Mann, mit dem ich arbeitete, fragte mich, wie ich einen Schuh designen würde. Ich überlegte und sagte ihm, das wäre ein Nike Air Force 1 Lo mit Gummisohlen und einem burgunderroten Wildleder-„Swoosh" und mit meinem Namen drauf. Jahre später trafen wir uns wieder und er gab mir die Schuhe (siehe Seite 249). Sie waren genau, wie ich sie beschrieben habe. Ich hätte nicht damit gerechnet, dass er sich das alles merken würde. Aber das hatte er. Der Schuh ist einzigartig, Gummisohle und alles, der einzige Schuh dieser Art auf der Welt. Nicht schlecht, was?"

WEITERE SPIELER

EINLEITUNG

Die Aufteilung von Sportschuhmarken in verschiedene Kategorien und Kapitel ist immer kontrovers. So mutet es vielleicht seltsam an, Converse oder New Balance als erste Einträge in einem Kapitel namens „Weitere Spieler" zu sehen, während andere Marken, die heute nicht so sichtbar sind oder aktuell über einen kleinen Marktanteil verfügen, zu den Big Playern gezählt werden.

Die „Größe" einer Marke, wenn sie am Umsatz oder der Konsumentenloyalität gemessen wird, kann von Land zu Land immens schwanken, sogar von Region zu Region innerhalb eines Landes. Und – Marktanteile und Loyalitäten verschieben sich im Lauf der Zeit. Würden wir für den Großteil des 20. Jahrhunderts eine „Big 4"- Liste erstellen, die auf den US-Verkäufen beruht, würde sie so aussehen: Nike, adidas, Reebok und New Balance. 15 Jahre eher wären es Nike, Reebok, Fila und adidas gewesen. Und dazwischen war Asics emporgestiegen und wieder gefallen, dasselbe gilt für K-Swiss heute, die Marke stand kurz davor, bei den Top 4 einzusteigen. Sie sehen also, es ist nicht so einfach, anhand der Verkaufszahlen zu einer bestimmten Zeit oder in einem bestimmten Land festzulegen, ob eine Marke ein „großer" oder „weiterer" Player ist. Abhängig davon, wo Sie leben und wann Sie dieses Buch lesen, müssen Sie Ihre eigene Definition dafür finden.

Bei der Aufteilung der Marken wird Folgendes berücksichtigt: Langlebigkeit, Anfänge, Produktinnovationen, Entwicklung der Technologie, Geschichte, Auszeichnungen und so weiter. Ist das vollbracht, sagen die Einteilungen auf keinen Fall etwas Negatives über Marken oder Modelle aus. Wie im Zuge der Hall of Fame bereits angedeutet, haben einige der folgenden Marken Enormes zur Geschichte der Sneaker beigetragen.

Converse war von Anfang an dabei und produzierte mit dem Chuck All Star und Jack Purcell zwei Klassiker, die für alle Zeiten als Sneaker-Ikonen herausragen werden. New Balance guckt auf eine lange und respektierte Geschichte zurück, die mit den meisten der Sportschuhentwickler mithalten kann. Dieses Kapitel dreht sich also nicht um „ferner liefen", sondern feiert viele großartige Unternehmen und Produkte (aufgrund des begrenzten Platzes können leider nicht alle genannt werden). Es kommen große, seit Langem etablierte und angesehene Marken vor, aber auch unbekanntere, die dennoch ihren Beitrag geleistet haben. Es tut mir leid, sollte Ihre Lieblingsmarke nicht dabei sein, vielleicht können Sie dennoch die breite Fächerung und vielseitige Natur der Auswahl genießen.

 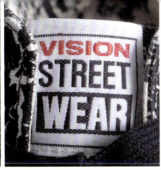   

ASICS/ONITSUKA TIGER MARKENGESCHICHTE

Anima Sana In Corpore Sano
(Ein gesunder Geist in einem gesunden Körper)

Der Name setzt sich aus den Anfangsbuchstaben des lateinischen Ausspruchs zusammen. Gegründet wurde Asics in dem Glauben, dass der beste Weg zu einem gesunden und glücklichen Leben Sport und Fitness sind. 1977 kamen drei Sportartikelhersteller – GTO (Netze und Sportkleidung), Jelenk (Strickwaren) und Onitsuka (Hersteller von Sportschuhen) – zusammen, um ein neues Unternehmen für Sportprodukte auf die Beine zu stellen. Asics Erfolg wurzelt tief in der Sportschuhsparte von Onitsuka. Und die Geschichte von Onitsuka ist untrennbar verbunden mit der Leidenschaft von Mr Kihachiro Onitsuka.

Onitsuka machte die Notlage junger Straffälliger im Nachkriegsjapan sehr zu schaffen. Er glaubte fest daran, dass die jungen Leute durch Sport rehabilitiert werden konnten. Mit diesem Gedanken gründete Onitsuka 1947 sein Unternehmen.

Onitsuka war der amerikanische Enthusiasmus für Basketball aufgefallen. Er hoffte, die japanischen Kids über Basketball zum Sport zu bringen. Er bemühte sich um Austausch mit den örtlichen

RECHTS Der Urheber der Marke Onitsuka, Kihachiro Onitsuka

Basketballvereinen und beriet sich häufig mit Trainern und Athleten. Häufig hatte er seine ganz eigenen Ideen über die Entwicklung seiner Trainingsschuhe, eine seiner technischen Ideen war eine Art „versunkene Sohle" (inspiriert durch die Saugnäpfe von Tintenfischen) für einen besseren Grip auf dem Spielfeld. Ein anderes Mal wollte er die Entstehung schmerzhafter Hühneraugen auf Füßen von Läufern vermeiden und (angeregt durch die Luftkühlung eines Motorrads) schuf den Magic Runner. Die Belüftung war in diesen Schuhen so verbessert, dass die Hitze um den Fuß, die erst zur Entzündung und später zum Hühnerauge führte, verteilt wurde.

Onitsuka feierte einen Erfolg nach dem anderen und kaufte 1957 die Marke Tiger. Die Firma wurde in Onitsuka Tiger umbenannt, seitdem prangt der Tiger auf den Seiten der Schuhe. Später übernahmen Onitsuka und heute Asics die Tiger-„Streifen" für ihre Sneaker.

1958 feierte Onitsuka das 10-jährige Bestehen seines Unternehmens auf ungewöhnliche und unternehmerische Weise. Bisher war Onitsuka familiengeführt, nun wurde es zu einem mitarbeitergeführten Unternehmen. Dafür überließ er seinen Angestellten 70 Prozent der Firmenanteile.

In den 1960ern lernten sich Onitsuka und der Amerikaner Phil Knight, Gründer von Blue Ribbon Sports, kennen, was später zur Gründung von Nike führte. Diese Geschichte wurde bereits erzählt, aber der japanische Blickwinkel darauf ist ganz interessant.

Die Geschichte geht laut Onitsuka so: Anfang der 1960er führte ein junger Amerikaner, Philip Knight, umfangreiche Untersuchungen des US-Laufschuhmarktes durch. 1963 trug er seine Ergebnisse nach Japan, wo er Kihachiro Onitsuka aufsuchte. Knight sagte dem japanischen Geschäftsmann, dass seiner Meinung nach die Onitsuka-Schuhe die besten seien und dass er sie gerne in den USA vertreiben würde. Natürlich war Onitsuka davon beeindruckt und ließ sich auf das Geschäft mit ihm ein. Knight fuhr wieder nach Hause und gründete Blue Ribbon Sports Inc. in Oregon.

Die Partnerschaft zwischen Onitsuka und Blue Ribbon wurde erfolgreich. Dann, 1970, gerade als Onitsuka eine gemeinsame Marketingagentur mit Blue Ribbon in die Wege leiten wollte, überraschte Knight ihn damit, dass er zu einem anderen Hersteller wechselte. Und als Blue Ribbon seine Firma auch noch wegen des Namens einer Untermarke verklagte, fühlte Onitsuka sich noch weiter hintergangen. Die Verhandlungen kosteten Onitsuka eine Menge Geld, kurze Zeit später wurde aus Blue Ribbon Nike.

Unabhängig davon, zu welcher Seite der Geschichte Sie tendieren, Fakt ist, dass Asics eine wichtige Rolle in der Geschichte der Trainingsschuhe spielt.

MAGIC RUNNER

Dieser Schuh ist ein Beispiel für die Art bahnbrechender, von Asics produzierter Schuhe. Asics übernahm die Marke Onitsuka Tiger und wurde 1977 gegründet. Der Magic Runner kam 1959 heraus. Als erster trug ihn der Marathonläufer „Barfuß-Adebe". Er ist ein frühes Beispiel eines luftgekühlten Schuhs mit Auslässen im Material, durch die die warme Luft im Schuh abfließen kann und gleichzeitig kühle Luft von draußen angesaugt wird.

MARUP NYLON

Der Marup Nylon kam 1967 als Top-Version von Onitsukas langer und erfolgreicher Marup Serie heraus. Sie war speziell für den Marathonlauf und andere Langstreckenläufe entworfen. Aufgrund seiner bunten und ansprechenden Ästhetik mit dem Nylon-Obermaterial und einem blauen Rist gehörten die Schuhe zu den ersten, die in der Freizeit und von gemäßigteren Sportlern getragen wurden. Schnell waren sie außerhalb der Laufbahn genauso erfolgreich wie darauf.

MEXICO

Dieser Schuh brachte Onitsuka Tiger einer breiteren Öffentlichkeit näher, als er 1966 erschien. Er war der erste mit den heute berühmten Tiger-„Streifen". Die japanische Mannschaft trug den Schuh bei den Olympischen Spielen 1958 in Mexiko – daher der Name. Die charakteristischen Streifen stützen den Mittelfuß und drücken Geschwindigkeit, Stabilität, Kraft und Sicherheit aus. Den Mexico gibt es in vier Farben.

NIPPON

Zwar gab es die Nippon Serie bereits seit 1960, größere Beliebtheit erlang sie erst, als der Nippon 60 speziell für das japanische Team zur Olympiade in Rom 1960 herauskam. Athleten trugen ihn in Blau, Athletinnen in Rot. Der Schuh trägt statt der Tigerstreifen das japanische Motiv der aufgehenden Sonne, das den Mittelfuß stärken soll.

BATA MARKENGESCHICHTE

An Bata lässt sich gut erkennen, dass Trainingsschuhe Teil der globalen Kultur sind. Das Unternehmen, das zu Bata Show Organization werden sollte, wurde 1894 im tschechoslowakischen Zlín von Tomas Bata gegründet. Zwar war dieser Teil des Geschäfts neu, der Name Bata stand aber bereits seit dreihundert Jahren für die Kunst der Schuhmacherei.

In den 1930er Jahren stellte Bata schon erfolgreich Schuhe mit Gummisohlen und Freizeitschuhe her und entwickelte sich zum Weltexportführer mit einer einzigartigen Präsenz in über 30 Ländern.

1992 wurde die Organization und die Familie eingeladen, in die Tschechische Republik zurückzukehren, wo Bata immer ein Symbol nationalen Stolzes und Erfolgs war. Auch heute noch ist die Familie in Person von Thomas G. Bata, dem Enkel des Gründers, als Vorstand beteiligt.

„TENNISSCHUHE"

Diese Standard-Tennisschuhe waren ein Angebot der tschechischen Firma Bata und stammen aus dem Jahr 1940. Bata baute eigene Vertriebsfirmen in vielen Ländern auf und etablierte sich als damals größter Schuhexporteur der Welt. Dieser klassische Schuh aus weißem Leinenstoff und Gummisohlen wurde vom englischen Zweig der Bata Shoe Organization produziert.

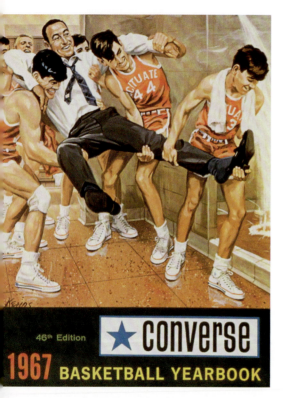

CONVERSE MARKENGESCHICHTE

Converse und Apfelkuchen sind genauso Teil der amerikanischen Geschichte wie Coca-Cola. Und so mag es unverständlich erscheinen, warum Converse nicht im Kapitel über die Big Player auftaucht. Dazu muss man wissen, dass dies eine globale Story ist. Das bedeutet nicht, dass Converse nicht überaus wichtig gewesen ist. Sein berühmtester Schuh ist überall auf der Welt zu sehen, der All Star (der am meisten verkaufte Sneaker aller Zeiten) und der Jack Purcell waren die ersten Sneaker, die Einzug in die Freizeit- und Modewelt fanden.

Die Geschichte dieses großen, alten Unternehmens beginnt 1980 in Massachusetts, als der in New Hampshire geborene Marquis Mills Converse seine Converse Rubber Shoe Company gründete. Durch seine Arbeit im örtlichen Geschäft Beacon Falls Rubber Shoes, hatte Mr Converse recht schnell das Potenzial der schnellwachsenden Gummischuhindustrie erkannt. Innerhalb von zwei Jahren nach Gründung beschäftigte Converse 350 Angestellte, die strapazierfähige, gummibesohlte und schützende Schuhe herstellten – unter Markennamen wie „Tuff-e-nuff" Gummischuhe. Etwa um die Zeit machte das Unternehmen den Fehler, verschiedene Gummimärkte zu bedienen und begann mit der Produktion von Gummireifen.

Entgegen der weitläufigen Meinung, war Converse nicht der Begründer der Sneaker-/Trainingsschuhindustrie, aber er war an ihren Anfängen beteiligt. Das Unternehmen wurde zu einer Zeit gegründet, als Basketball – zwar noch Nischensportart – immer rasanter an Beliebtheit zunahm. Basketballspieler fingen an, Schuhe mit Gummisohlen oder

LINKS Das Converse-Jahrbuch wirkt älter als sein Erscheinungsjahr.

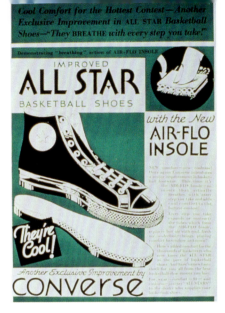

OBEN Eine frühe Werbeanzeige für den Converse All Star

Deckschuhe zu tragen und Converse entfernte sich von seinem Hauptinteresse Industrieschuhe und startete die Produktion von Schuhen für diese relativ neue Sportart. Die wegweisende Entscheidung kam 1917 mit dem Design eines Converse Hi Cut Schuhs speziell für Basketball. Mit diesem Schuh sollte das Werk am Laufen gehalten werden, wenn im Sommer die Nachfrage nach Arbeitsschuhen saisonbedingt zurückging. Das Ergebnis war der legendäre Converse All Star Basketballschuh, der noch immer in seiner vertrauten Form verkauft wird.

1921 stieß der ehemalige Basketballspieler „Chuck" Taylor zum Unternehmen und verkaufte die neuen Basketballschuhe bei den Sportkursen, die es überall im Land gab. Die Verkäufe boomten, Taylor schlug u. a. eine Fersendämpfung und Polsterung um die Knöchel und seine Unterschrift auf dem Schuh vor – der Chuck Taylor war geboren. Die Verkäufe zogen nochmals an und Converse wurde Realität.

In dieser frühen Zeit war Converse allerdings stärker im Reifenmarkt beschäftigt, was sich als wenig erfolgreich herausstellte. 1928 zwangen die lähmenden Verluste dieser Abteilung das Unternehmen in die Insolvenz und Marquis Converse verließ sein „Baby". 1930 übernahm die Familie Stone und blieb in den folgenden 40 Jahren am Ruder – Converse überlebte und wuchs durch den Kauf anderer „Gummifirmen", darunter auch Reifen- und Schuhhersteller wie B. F. Goodrich.

In den 1970ern war Converse hinter Firmen wie adidas zurückgefallen, die auf der Welle des Laufschuhbooms Zugewinne machten. Converse schlug mit halb erfolgreichen Promiwerbefeldzügen wie mit dem mit Julius „Dr. J." Erving zurück, aber in den 1980ern mussten viele Produktionsstätten geschlossen werden und Converse wurde zum kleinen Fisch im großen Teich.

1983 übernahm das bisherige Management das Unternehmen und Converse wandelte sich zu Converse Inc. Das Unternehmen gab nie auf und entwickelt weiter neue Schuhe. Es wird für immer mit seinen sensationellen Klassikerzwillingen assoziiert werden – dem All Star und dem Jack Purcell.

ALL STAR

Was kann man über eine lebende Legende sagen? Dies ist der meistverkaufte Sneaker aller Zeiten, dessen Design seit seiner ersten Fassung 1916 kaum verändert wurde, und der ein genauso großer Teil der Popkultur wie der Sportplatz ist. Chucks gab es immer und wird es immer geben – hier die Camouflage-Version.

AUCKLAND RACER

Converse wird berechtigterweise mit seinem Basketballschuh-Erbe verbunden und zutiefst respektiert. Was man normalerweise nicht mit ihnen verbindet, ist ein Laufschuh. Converse hat aber nicht nur Sportschuhe für Basketball hergestellt. Hier ist der neu aufgelegte Auckland Racer, der zuerst in den 1970er Jahren herauskam. Der Laufschuh wurde entwickelt, als der Jogging-Wahn so richtig in Gang gekommen war, seine Inspiration war der Langstreckenläufer Arthur Lydiard.

JACK PURCELL

Überraschenderweise wurde dieser halboffizielle Freizeitschuh, der Jack Purcell, in den 1930ern von B. F. Goodrich als Hallensportschuh produziert. Als Jack Purcell, ein berühmter Badminton-Star damals, dem Schuh seinen Namen gab, war ein geheiligter Trainingsschuh geschaffen. Converse erwarb die Rechte, den Schuh in den 1970ern herzustellen, seither hat das Modell Prominentenstatus erlangt.

ONE STAR

Der One Star ist ein Converse-Modell aus Mitte der 1960er. Bis in die frühen 1960er Jahre dominierte Converse den US-Markt. Als Marken wie adidas und Puma auf den Markt kamen, musste Converse seine Angebotspalette erweitern. Der One Star ist ein niedriger Basketballschuh – das älteste Modell hat einen einzelnen Stern, das nächste zwei Linien und das neueste einen Stern und einen Pfeil. Als Converse ihn erneut herausbrachte, hieß er Jack Star.

PRO LEATHER

Er wurde zu einem der Top 10 Basketballschuhe aller Zeiten gewählt – ein Klassiker, der heute noch genauso gut aussieht wie an dem Tag, als er herauskam. Simples Styling, kein Gedöns, großartige Qualität und „macht, was auf der Verpackung steht"! Nur sehr wenige Schuhe kommen an das Styling und die Schlichtheit von Converses ersten Basketballschuhen heran. Diese moderne, fest in ihren Ursprüngen wurzelnde Neuauflage verdeutlicht, wie der Pro Leather, einst für Profi-Ballspieler, jetzt auch außerhalb der Spielfelder respektiert wird.

WEAPON

Nachdem Converse über Jahre mitansehen musste, wie seine Marktdominanz durch Newcomer abgegraben wurde, versuchte das Unternehmen, wieder Boden gutzumachen. 1987 brachte es den Weapon heraus, einen Basketball in High- und Low-Versionen und vielen Farben, die denen der NBA-Mannschaften entsprachen. Dieses Modell trägt die berühmten Magic Johnson-Farben.

WEAPON SKATE OX

Diese Version des Converse Weapon Skate OX belegt den Ausflug der Marke in die Skaterwelt. Er hat eine niedrige Silhouette, hält sich an das klassische Sneaker-Erscheinungsbild, aber mit nützlichen Kniffen für die Skaterszene. Das schlichte Äußere aus grauem Wildleder und der Gummisohle erfindet den Klassiker neu und verleiht ihm einen zeitlosen Look.

DIADORA   MARKENGESCHICHTE

Man muss es den Italienern lassen: Was immer sie tun, sie tun es mit Stil. Immer mode- und sportbesessen, bildet Diadora zusammen mit der italienischen Firma Fila die Phalanx der etablierten Sneaker-Designer.

Marcello Danielli gründete Diadora 1948 im Nachkriegs-Italien in der winzigen norditalienischen Stadt Caerano di San Marco. Dort unternahm Diadora seine ersten Schritte in die Sportwelt, anfangs mit jedmöglicher Sportausrüstung. Bis heute ist das Unternehmen eng mit Fußball und Tennis verbunden, was sich in den Schuhen widerspiegelt.

In Großbritannien ist Diadora hauptsächlich wegen eines Schuhs bekannt, dem Borg Elite. Er erlangte bei den fußballverrückten Casuals legendären Status. Die Marke konnte außerdem Lichtfiguren wie Boris Becker und Ed Moses unter Vertrag nehmen. Die Ed Moses Sneaker sind unglaublich selten – ich würde sie liebend gern meiner Sammlung zufügen.

1998 erwarb Invicta, der Nummer eins der Sportausstatter in Italien, deren Rucksäcke an italienischen Jugendlichen überall in der Welt zu sehen sind, das Unternehmen Diadora. Mit diesem neuen Rückhalt besinnt sich Diadora auf sein Erbe und legt Favoriten wie Elite, Rally und Equipe neu auf.

RECHTS Die Diadora-Werbung bedient sich des „Casual-Erbes".

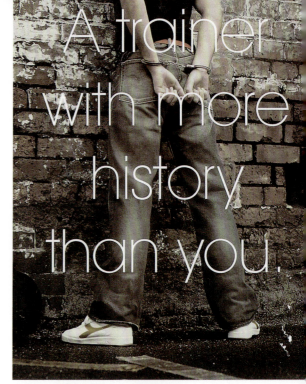

ELITE

Der Elite kam in den späten 1970ern heraus. Konzipiert als Tennisschuh und aus feinstem Känguruleder gefertigt, liebten ihn die Casuals in Großbritannien heiß und innig. Er wurde in Borg Elite umbenannt, als der legendäre Tennisspieler 1978 unter Vertrag ging. In diesen Schuhen gewann er Wimbledon fünfmal.

SKY HIGH

Dieser Basketballschuh war ein sehr begrenztes Angebot von Diadora. Das fußballverrückte Italien hatte nicht allzu viel mit Basketball am Hut, aber Diadora, neben anderen Herstellern in Europa, erkannte die wachsende Beliebtheit der Basketballschuhe und produzierte den Sky High, damit entfernte es sich von seinen traditionellen Fußball- und Tennisschuhen.

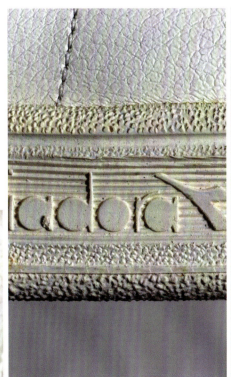

DUNLOP MARKENGESCHICHTE

Im Wettstreit mit seinem britischen Landsmann Reebok darf Dunlop rechtens behaupten, an den ersten Vorstößen zur Trainingsschuhentwicklung beteiligt gewesen zu sein, die sich dem transatlantischen Gegner, angeführt von Converse, entgegenstellte. John Boyd Dunlop gründete 1830 die Liverpool Rubber Company fand heraus, wie er Leinenstoff und Gummi miteinander verbinden konnte. Diese Technik verwendete er in verschiedenen Prozessen, einschließlich der Reifenherstellung.

Von größerem Interesse ist Dunlops Anwendung dieses Prozesses für die Fertigung einer frühen Form von „Plimsolls" (Turnschuhe). Diese Schuhe, die von reichen viktorianischen Engländern am Strand getragen wurden, waren keine wirklichen Sportschuhe, sonst hätte Dunlop definitiv den ersten Eintrag in der Hall of Fame verdient.

Es dauerte allerdings noch bis 1928, bis die Dunlop Sports Company gegründet wurde. Die Plimsolls standen nicht in Konkurrenz zu den Basketballschuhen All Stars von Converse aus dem Jahr 1917.

Wie dem auch sei, Dunlop kann sein sportliches Erbe auf die ganz frühen Tage datieren. Vor allem die Green Flash sind berühmt, herausgekommen 1933 und von der britischen Tennislegende Fred Perry auf seinem Weg zu drei Wimbledon-Titeln getragen. Der Green Flash kam in unterschiedlichen Versionen und Farbgebungen heraus,

RECHTS Werbeanzeige für die Dunlop Green Flash Tennisschuhe, einem Modell, das zuerst 1933 in Produktion ging.

OBEN Diese Anzeige aus den 1950ern verdeutlicht Dunlops Selbstverständnis.

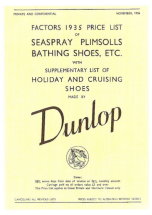

OBEN Das 1970er Gefühl stand in Kontrast mit Dunlops 1930er Erbe.

bernsteinfarben, blau, golden und silber, aber auch in pink „für die Ladies".

Mit solch einem Hintergrund mutet es seltsam an, dass Dunlop abgedriftet ist, während andere Marken wuchsen. Vielleicht verdeutlicht eine Anekdote über Dunlop aus den frühen 1980ern das Dilemma. Während ihrer illustren Herrschaft, sagte Steffi Graf einmal, dass ihr Dunlop-Schläger so gut war, dass sie ihn auch umsonst benutzen würde, ohne unter Vertrag zu stehen. Als das Dunlop-Management von dieser kostenlosen Werbung für sein Produkt hörte, kontaktierten sie Steffi Graf nicht, um ihr für diesen Coup zu danken, stattdessen ging ein Anruf nach Deutschland, um ihr großzügiges Angebot anzunehmen.

WEITERE SPIELER

EASY GREEN

Dunlop hat mit seinem berühmten Green Flash einen bedeutenden und bleibenden Beitrag für die Sneakerwelt geleistet. Aber an Dunlop ist mehr dran als nur ein einziger Schuh. Der Easy Green war ein Spezialtennisschuh aus den frühen 1970er Jahren aus Leder, mit Belüftungslöchern und Klettverschlüssen für guten Sitz und gutes Aussehen.

LE COQ SPORTIF MARKENGESCHICHTE

Die Geschichte von Le Coq Sportif fängt Anfang des 20. Jahrhunderts in Frankreich mit Emile Camuset an, einem Hersteller von Spezialkleidung für Sport. Aber erst 1948 wurde Le Coq Sportif (LCS) zum Warenzeichen.

1966 wurden LCS und adidas Partner – LCS brachte adidas zu den französischen Sportlern, während adidas sein Wissen und seine internationale Präsenz in den Ring warf. Nach einer juristischen Auseinandersetzung ging LCS 1974 in den Besitz der adidas Group über. Während dieser Zeit baute LCS sein Angebot an Schuhen merklich aus und adidas brachte LCS mit Modellen für neue Sportarten gekonnt voran.

1995 verlor adidas die Leitung der Gruppe an ein amerikanisches Unternehmen. Das war zu viel für den französischen Stolz, drei Jahre später kaufte eine Gruppe Geschäftsleute aus dem Elsaß die Marke LCS zurück.

ARTHUR ASHE LEATHER

Es ist schön zu sehen, dass LCS ein wohlverdientes Comeback feiert. Regelmäßig kommen die Schuhe aus einem neiderregenden Modellkatalog heraus – keiner besser als dieser Premiumschuh Arthur Ashe Leather. Offensichtlich auf einem adidas-Schuh aufgebaut, dem Stan Smith, ist er klassisch, gleichzeitig wurde er durch Verbesserungen zu einem wahrhaft schönen Schuh. Der Originalschuh aus weißem Leder wurde von dem legendären Tennisspieler Arthur Ashe 1981 getragen – Ashe war der erste und bisher einzige schwarze Tennisspieler, der Wimbledon gewann (ein gewisser Mike Tyson trägt das Gesicht des Spielers als Tattoo). Im Modell ist bestes Nubukleder verarbeitet, es hat dezente Perforationen an den Seiten mit einer Unterschrift von Arthur Ashe darüber. Das hat Klasse.

ÉCLAT

Zuerst kam er 1985 heraus und ich bin verdammt froh darüber, dass die schicke französische Marke diese Babys neu aufgelegt hat. Bämm – das einfache LCS-Logo zieht einen in den Bann. Die Perfektion des Logos auf einem zurückhaltenden Grau, und ein gewisser „Je ne sais quoi"-Stil, der einfach funktioniert. „Voila, c'est magnifique", „Joie de vivre": So viele französische Redewendungen fallen einem ein, die auf den neuen Éclat passen. Wenn Sie diese Babys kaufen, dann „tu ne regrettes rien" … (Entschuldigung).

LEATHER COMP

Tennisschuhe aus den frühen 1990ern sind Raritäten. Damals fuhr alles auf Technik ab und dieser schlichte Schuh von Le Coq Sportif (dem „sportlichen Hahn") blieb unbemerkt. Die französische Tennislegende Yannick Noah trug den Schuh, der aus Ganzleder gefertigt war und die einzigartige übergroße Fersenkappe mit dem LCS-Logo trug.

SPACE

1974 wurde adidas Besitzer der berühmten französischen Firma. Deutsches Markenwissen tat sich mit französischem Innovationsgeist zusammen und brachte einige ausgezeichnete Le Coq Sportif-Modelle hervor. Der Space war ein Laufschuh und stammt aus den frühen 1980ern mit einem unmissverständlichen Le Coq-Gefühl. Achten Sie auf die Kunststoffverstärkung am Aufdruck.

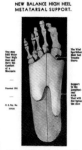

NEW BALANCE MARKENGESCHICHTE

New Balance verbinden wir mit seinem Engagement beim New York Marathon – die Firmengeschichte ist jedoch in Cambridge, Massachusetts, verwurzelt, der geistigen Heimat der Marathons. Hier machte der 33-jährige englische Einwanderer William J. Riley seine ersten Schritte in der Geschichte der Trainingsschuhe.

Riley interessierte sich für Fußgesundheit, das brachte ihn zu orthopädischen Schuhen mit speziellen Einlagen. Die Art der Schuhe und die dadurch gewonnene „neue Balance" für die Träger, prägten den Firmennamen.

Der Erfolg veranlasste Riley 1934, seinen besten Verkäufer, Arthur Hall, als Partner aufzunehmen. Hall hatte Rileys Schuhe an „Polizisten und anderes Volk verkauft, die den ganzen Tag auf den Beinen waren". Es sollte noch weitere sechs Jahre dauern, bis sich New Balance in die Sportwelt vortraute. Der Erfolg kam mit Dan McBride, der am Massachusetts Reddish Road Race teilnahm und dabei Laufschuhe aus schwarzem Känguruleder mit Kreppsohle trug.

In den 1950ern ging das Unternehmen an Rileys Verwandte, die Kidds, über. Sie beließen es bei orthopädischen Schuhen als Basis des Geschäfts, bis sie 1961 beschlossen, sich mit ihrem Spezialwissen der Sportindustrie zuzuwenden. Das Ergebnis war der Trackster mit seinem genialen Weitenangebot und der gewellten Sohle. New Balances Ruf begann, sich auszubreiten.

Die neuere Geschichte von New Balance ist eng mit 1972 verknüpft, als Jim Davis am Tag des Boston Marathons das

OBEN LINKS Diese New Balance-Anzeige betont die orthopädischen Vorteile.
LINKS Das erste New Balance-Geschäft in Boston, Massachusetts

OBEN Tom Fleming gewinnt den New York Marathon in seinen NB 320ern.

Unternehmen kaufte. Zu diesem Zeitpunkt bot es nur 30 Schuhmodelle an und beschäftigte sechs Vollzeitangestellte.

1975 gewann Tom Fleming den New York Marathon in seinen New Balance 320-Laufschuhen. Dadurch wurde New Balance im angesehenen Magazin *Runner's World* zur Nummer eins bei den Laufschuhen gewählt und es sah so aus, als ob das Unternehmen sich aufmachte, die Nummer eins der Sportschuhwelt zu werden. Doch trotz dieses Erfolgs und weiterer konnte New Balance nie die höchsten Ränge der Schuhverkäufe erklimmen.

Doch New Balance ist eine Marke, die sich über ihre Grenzen hinaustraut, aber sie steht in dem Ruf, ständig auf der Schwelle zum Spitzenplatz zu stehen. Von allen Marken, die in diesem Buch genannt werden, genießt New Balance zweifelsohne den höchsten Respekt der Konkurrenz in dem Gebiet, für das die Schuhe entwickelt wurden – die Laufwelt.

Mit dem Anspruch, dass der Schuh selbst der Star ist, würde es dem Ethos der Marke widersprechen, hochkarätigen Werbeverträge mit Prominenten abzuschließen. Man fokussiert sich auf Forschung und Design, technologische Innovation und erstklassige Fertigung. Damit einher geht, dass New Balance Sneaker seit 1982 im englischen Lake District hergestellt werden, während andere Sportschuhproduzenten in Regionen abgewandert sind, in denen die Arbeitskosten niedriger sind. 2002 durchbrach das Unternehmen zum ersten Mal die Eine-Million-Marke verkaufter Schuhe.

Was die Treue der Tribes angeht, gab es unter den Fußball Casuals viele Anhänger, nachdem Fans aus dem Nordwesten Englands sie adoptierten. Ebenfalls in den späten 1990ern wurde das Modell 801 in Modekreisen beliebt, woraufhin das Unternehmen mit der Ergänzung um drei neue Farben reagierte.

Ein einzigartiges Merkmal von New Balance Schuhen ist die Modellnummer statt eines Namens (außer beim ersten Trackster). Je höher die Schuhnummer, umso besser ist die Ausstattung. Das 2000er Modell ist das Flaggschiff der Palette, der 600er das Einstiegsmodell. Das Nummernsystem hilft auch, die Modelle zeitlich einzuordnen. Jährliche Updates werden durch Schrittwerte der Zahlen gekennzeichnet, so würde aus dem 852 im nächsten Produktionsjahr das Modell 853.

320

Der 320 ist vermutlich das meistgelobte aller New Balance-Modelle. Er kam 1975 raus und war zwar teuer, aber dennoch äußerst beliebt und er lief als Gewinner durch das Ziel des berühmten New York Marathons. Das hoch angesehene Magazin *Runner's World* ernannte ihn 1976 zum besten Trainingsschuh.

574

Eins der älteren New Balance-Modelle und eins, das in den USA gefertigt wurde statt in Großbritannien. Dieses einfache Modell mit Blockfarben mit dem großen N-Logo auf der Seite war das Fundament von New Balances Wachstum und Popularität. Dieser ist aus Schweinsleder gearbeitet, das leuchtend rote Wildleder fällt definitiv auf. New Balance schoss die Skala der Beliebtheit hinauf und diese Art Schuhe erklärt, warum.

576

Weil ein früheres Modell, der 675, sich nicht gut verkaufte, blieb New Balance auf einem Haufen Sohlen sitzen. 1986 änderte das Unternehmen den Modellnamen in 576. Das Obermaterial bekam neue Farben, andere Materialien wurden verwendet und die Verkaufszahlen schnellten in die Höhe. Die übrig gebliebenen Sohlen und viele mehr wurden inzwischen verarbeitet.

576 THREE PEAKS

Der 576 wurde immer erfolgreicher und New Balance machte sich daran, einige seiner in Großbritannien hergestellten Modelle, an britische Themen angelehnt, zu überarbeiten. Dieser Schuh wurde durch die National Three Peaks Challenge inspiriert, bei der die höchsten Berge Schottlands, Englands und Wales innerhalb von 24 Stunden bestiegen werden müssen. Anregung für die Modelle waren moderne Bergsteig- und Wanderausrüstungen. Jedes hat ein raues N-Logo und seine Farbgebung entspricht die des Bergs, nach dem es benannt ist (Englands Scafell Pike in diesem Fall). Zusätzliche Details sind die Namen jedes Peaks auf dem gewebten Schild auf der Zunge und das Bild eines Kompasses auf der Innensohle.

577

Mit unserem Wissen darüber, wie New Balance seine Schuhe anhand einer Nummerierung unterscheidet, können wir sagen, dass der 577 ein späteres Modell des 576 ist. Die Basiszahl ist die 57, die für jedes Jahr, in dem es produziert wird, um einen Schritt hochgeht (üblicherweise um 1, aber wie hier manchmal auch um 10). So ist ein 576 ein Jahr älter als ein 577. Diese Version verwendet Glattleder anstatt Wildleder.

WEITERE SPIELER 295

577

Dies ist ein neuer Blickwinkel auf den New Balance 577. Das klassische Modell wurde 2014 25 Jahre alt. Im Verlauf der vorhergehenden 25 Jahre gab es sage und schreibe 132 verschiedene Versionen dieses Schuhs. Einige waren limitierte Kooperationen, andere waren durch saisonale Themen inspiriert. Einige sind beliebter als andere, aber diese neu aufgelegte klassische, in grünem Wildleder gehaltene Version steht sehr weit oben auf der NB-Wunschliste.

670

2014 feierte der 670 seinen 20. Geburtstag. Hier sehen wir einen Schuh, der nach hohen Maßgaben noch immer in Flimby, Cumbria, hergestellt wird – dem Hauptsitz von New Balance in England. Auch dies ein einfaches Blockfarbenmodell mit dem großen N auf der Seite. Er ist in verschiedenen Farbmustern und Kooperationen immer wieder neu herausgekommen, aber diese simple, unauffällige Version sieht in starkem Schwarz und Blau fantastisch aus.

996

Diese Ausgabe des 996 ist schlicht in Blau und Grau gehalten. Oben ist der Schuh aus bequemem Wildleder, mit farblich abgestimmten Mesheinsätzen an Ferse und Spitze. Abgerundet werden diese Details durch eine weiße RevLite Mittelsohle mit einer blauen Fersenkappe, die zusätzlich Halt gab.

1600 „BARBER SHOP"

Dies ist eine limitierte Auflage. Das Modell gehörte zur „Barber Shop"-Kollektion, so erinnert seine Farbgebung an die Säule vor einem Barbiersalon. Alle New Balance bekommen statt Namen Nummern, die Grundleseart ist, je höher die Nummer, desto besser die Ausstattung des Schuhs. Dieses 1600er Modell ist in der Produktion und den Materialien das hochwertigste, das wir zeigen.

P-F FLYERS MARKENGESCHICHTE

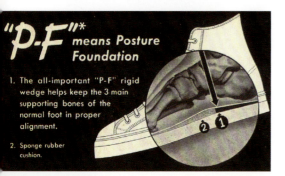

GANZ OBEN Das Posture (die Haltung) in P-F erklärt.
OBEN Eine P-F-Werbung aus den 1970ern – als Converse die Firma besaß.

Nicht so sehr ein Markenname, steht das „P-F" in P-F Flyers für „Posture foundation" (Haltungsstütze). Die Geschichte beginnt 1900 mit B. F. Goodrich, der originalen Mutterfirma und der Erfindung des P-F Flyers. Goodrich war eine von 19 Firmen, die damals Leinenschuhe mit Gummisohlen produzierten und sich zu U. S. Royal zusammenschlossen. Er ist als Low-Top-Leinenschuh konzipiert, sein Verkaufsargument war das Posture Foundation-Schild, Goodrichs Versprechen, dass P-F Flyers die Haltung beim Gehen oder Rennen stärkten.

Jahrelang spielten P-F Flyers die zweite Geige hinter Marken wie Converse und Pro-Keds. Als sie zur Grundausstattung der Army wurden, standen sie in dem Ruf, Schuhe zu sein, „die deine Mami dir anzieht". Das änderte sich, als Converse die Schuhe 1971 kaufte – Converse P-F Flyer waren geboren. Converse verlieh ihnen

OBEN
Ein originaler und seltener B. F. Goodrich P-F Flyers-Karton

viel Glamour, musste P-F Flyer später nach einer Beschwerde des Justizministeriums über den Aufbau eines Monopols auf dem Sneakermarkt wieder verkaufen. Converse hatte außerdem B. F. Goodrich Jack Purcell gekauft, das es aber behalten durfte.

Der Markenname ging auf LJO Inc. über, wo er von 1991 bis 2001 blieb. Einige P-F Flyers waren verrückt, aber sie sahen aus wie die Leinenversion des Reebok Freestyle. Im Februar 2001 erwarb New Balance die Marke P-F Flyers und brachte den Schuh mit viel Brimborium 2003 groß raus.

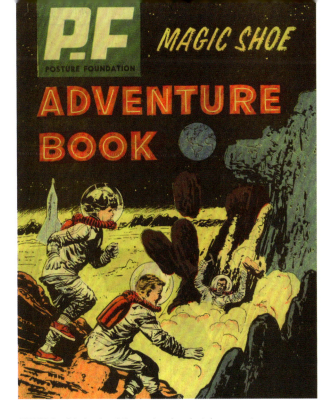

OBEN Die Markenloyalität wurde schon bei den ganz Jungen angeregt.
RECHTS P-F empfiehlt sich selbst stark für Basketball.

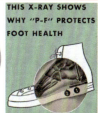

THIS X-RAY SHOWS WHY "P-F" PROTECTS FOOT HEALTH

PRO-KEDS MARKENGESCHICHTE

Die Geschichte dieses altehrwürdigen Unternehmens nimmt 1892 ihren Anfang, als die U. S. Rubber Company die Produktion von Gummi speziell für Schuhsohlen aufnahm. 1916 schlossen sich U. S. Rubber und der Reifengigant Charles Goodyear zusammen und fertigten gummibesohlte High-Top-Schuhe, bekannt als Keds her (siehe Seiten 38–39).

Allerdings kamen die heute besser unter dem Namen Pro-Keds bekannten Schuhe erst 1949 auf den Markt. In diesem Markt entwickelte Keds seine originale Sportschuhlinie vor allem für Basketballer. Die neuen Schuhe sahen dem Converse All Star jedoch so ähnlich, dass sie wohl mit Recht als eins der ersten Sportschuhplagiate bezeichnet werden dürfen. Um die Unterschiede zwischen ihnen herauszuarbeiten, entwickelte Keds seine charakteristischen Sohlen mit den drei Streifen.

Nun, da sich die Spezialschuhe unter dem Namen Pro-Keds etabliert hatten, war das Unternehmen schnell dabei, auf Prominentensuche für Werbeverträge zu gehen. Sie fanden einen in dem fünffachen Weltmeister, dem Center der Minneapolis Lakers, George Mikan, der erste wahre „große Mann" in der National Basketball Association (NBA).

In den 1960ern wurden die Marken richtig groß, aber in den 1970ern, trotz des Laufbooms, fiel Pro-Keds zurück und wurde schließlich von der Stride Rite Gesellschaft gekauft. Von da an lag der Schwerpunkt auf Komfort.

Inzwischen besitzt New Balance die Rechte an den Pro-Keds Originals und bringt sie in Neuauflage heraus.

RECHTS Die Werbung für High- und Low-Top Pro-Keds stammt aus dem Jahr 1978.

COURT KING

Der Court King ist einer der ältesten und berühmtesten der Pro-Keds. Dass er für den Basketball designt wurde, verrät schon der Name. Das Modell zeigt viele der Pro-Keds-Merkmale – zwei Streifen auf der Seite der Sohle und das eindeutig erkennbare Kappen-Design. Das Obermaterial ist aus Narbenleder, die Sohle aus Naturgummi.

SAUCONY MARKENGESCHICHTE

Sauconys Wurzeln gehen auf Abraham Hyde zurück, einem Schuster und russischen Emigranten, der 1910 einen Schuhladen in Massachusetts eröffnete. Die Firma A. R. Hyde and Sons entwickelte sich sehr gut und produzierte ein Angebot an Sportschuhen. In den 1960ern arbeitete das Unternehmen mit der NASA zusammen – ihre Stiefel steckten an den Füßen des ersten amerikanischen Astronauten im All.

1968 beschloss Hyde zu expandieren und erwarb Saucony Shoe Manufacturing Company in Pennsylvania. Sauconys Laufschuhe blieben das gut gehütete Geheimnis einer kleinen Gruppe ernsthafter Läufer – bis 1977, als einer der Schuhe von einem US-Spitzenmagazin für seine Qualität gepriesen wurde. Die daraus entstandene Aufmerksamkeit etablierte Sauconys Namen und seinen Ruf, hochqualitative und technisch innovative Schuhe herzustellen, und so ist es bis heute geblieben.

JAZZ

Der Jazz ist der bekannteste der Saucony-Schuhe. Sauconys Sneakerentwicklung war stark beeinflusst durch die Beliebtheit des Langstrecken- und Marathonlaufens. Läufer, die mit dem Saucony Jazz auf die Strecke gingen, schnitten gut ab, so erwarb er sich das Lob des Magazins *Runner's World* und konnte sich als ernstzunehmender Laufschuh etablieren.

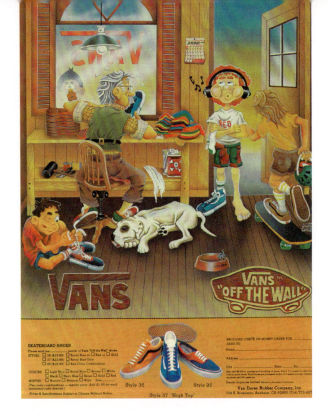

OBEN Eine Vans-Werbeanzeige aus der Mitte der 1970er Jahre bezieht sich auf die Skateboard-Szene.

VANS MARKENGESCHICHTE

Die originalen „Off The Wall"-Vans hatten definitiv Charakter und die Firmengeschichte ist alles andere als gewöhnlich. Eine Anekdote aus den Anfangsjahren illustriert das: Als Paul Van Doren 1966 sein Geschäft in Kalifornien eröffnete, kosteten die Schuhe zwischen 2,49 und 4,99 Dollar. Das Problem war – er behielt nie Pennys zurück, um seinen Kunden ihr Wechselgeld aushändigen zu können. Statt nun einfach den winzigen Betrag zu behalten, gab er den Kunden die Schuhe mit und bat sie, am nächsten Tag zum Bezahlen zurückzukommen.

Und wissen Sie was? Sie kamen alle wieder und bezahlten (anscheinend).

Wahr oder nicht – der Unternehmensgründer Paul Van Doren (daher auch der Name Vans) und seine drei Partner hatten die Firma so aufgebaut, dass sie Leinenschuhe für den direkten Verkauf in eigenen lokalen Geschäften produzierten. Sie hofften dadurch, dass sie die Provisionen der Zwischenhändler umgingen, auf höhere Gewinne. Das Unternehmen setzte das heute veraltete Vulkanisierungsverfahren für die Herstellung ein, bei dem das Gummi in riesigen Ofenkammern mit dem Leinenstoff verschmolzen wurde. Daraus ergab sich der ganz eigene Stil, der zum Markenzeichen des Unternehmens wurde. Das Vulkanisieren produzierte extrem dicke Sohlen, die viel aushielten, was sie für die Skater begehrenswert machte, die immer auf der Suche nach belastbaren Schuhen waren.

Wie bei der Geschichte mit den Pennys ging das Unternehmen auch bei der Kundenbetreuung äußerst weit. Bis in die frühen 1980er (bevor Paul Van Doren und seine Partner die Firma 1988 verkauften), fertigte Vans Schuhe nach Wunsch an. Und wenn Van Doren nach Wunsch sagte, meinte er nach Wunsch.

Lange vor Nikes modernem Ansatz der Online-Wunschanfertigung konnte jeder, der ein Paar Vans kaufte, festlegen, wie die Schuhe aussehen sollten. Der Linke konnte grün und violett sein, der Rechte orange und blau, zum Beispiel. Man konnte sogar seinen eigenen Stoff abgeben und die Firma bezog die Schuhe damit. Und das war noch nicht alles: Vans bot außerdem verschiedene Druckbilder für die Seiten der Sohlen an. So kam es, dass viele frühe Vans Regenbogen, Herzen oder Schachbrettmuster trugen.

Als der Skateboard-Wahn in den frühen 1970ern über Kalifornien schwappte, wurde

 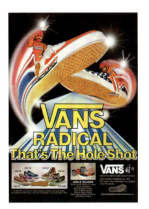 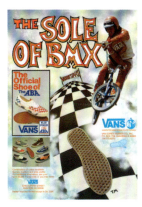

OBEN Diese Anzeigen (von links nach rechts) zielten aufs Surfen, Skaten und den BMX-Wahn ab.

aus Vans ein Must-Have für jeden, der ein Board hatte. Später trugen auch BMX-Fahrer Vans, woraus sich der Werbeslogan „The Sole of BMX" (sole, die Sohle, klingt wie soul, die Seele) ergab. Vans wuchs durch die 1970er hindurch stetig weiter, aber erst, als Jeff Spicoli (gespielt von Sean Penn), der ultimative kalifornische Surfer, 1980 ein Paar schwarz-weiß karierte Vans in dem Filmklassiker *Ich glaub', ich steh' im Wald* trug, wurde der Vans-Wahn ein nationales Phänomen. Die Nachfrage nach Vans überstieg schnell die Lieferkapazitäten.

Das Unternehmen geriet aus dem Gleis, als Paul Van Doren es 1980 verließ, drei Jahre später holte man ihn zurück. Daraufhin erfand Vans sich neu und wurde zu der erfolgreichen Marke, die wir heute kennen.

AUTHENTIC

Paul Van Doren und seine drei Partner eröffneten am 16. März 1966 ihr erstes Schuhgeschäft in Anaheim, Kalifornien, am East Broadway 704. Die Van Doren Rubber Company war deshalb ungewöhnlich, weil sie nicht nur Schuhe herstellte, sondern sie auch direkt an die Kunden verkaufte. Am ersten Morgen kauften 12 Kunden Schuhe, die am selben Tag gefertigt wurden und nachmittags abgeholt werden konnten. Es handelte sich um die Vans Deckschuhe 44, heute bekannt als Authentic.

ERA CHECKERBOARD

Die Skater der frühen 1970er schätzten den niedrigen Preis, die stabile Konstruktion und die Haftsohle der Vans. 1976 holte das Unternehmen Tony Alva und Stacy Peralta an Bord, um Schuhe speziell für Skater zu entwickeln. Sie fügten dem Schuh die Knöchelpolsterung hinzu und andere Farben – der Vans 95, heute bekannt als Era Checkerboard, war geboren.

SK8-HI

Im Laufe der Zeit hatten die Skater immer mehr Ansprüche ans Design der Vans-Palette. Mit hoher Geschwindigkeit aus Betongräben herauszuschießen, forderte seinen Tribut an den Schuhen. Als sie nach einem High-Top mit stärkerem Knöchelschutz verlangten, entwickelte Vans für sie den ersten geschlossenen, gepolsterten High-Top-Skaterschuh unter dem Namen Sk8-Hi.

SLIP-ON

Dieses Modell ist zweifellos das am häufigsten zu sehende und bekannteste aus dem Sortiment von Vans. Der Slip-On entstand im Zuge des Era-Designs und kam zuerst 1979 auf den Markt. Dank der Skateboarder und BMX-Fahrer wurde er bald zum Renner im südlichen Kalifornien. 1982 erlangten Vans Slip-Ons internationale Aufmerksamkeit und Anerkennung, als Sean Penn ein Paar im Film *Ich glaub', ich steh' im Wald* trug. Heute gibt es diese Schuhe in unglaublich vielen Farben und Stilen auf der ganzen Welt.

STRAP

Dies ist eine weitere Variante von Vans klassischem Deckschuh, und zwar eine besonders seltene. Vans nahm sich des Klettverschlusses für eine leichtere Handhabung und bequemeren Sitz an. Dabei achtete Vans auf Details – das Flying Vans-Logo ist an älteren Modellen aus poliertem Metall.

VISION MARKENGESCHICHTE

Visions Geschichte dreht sich um einen einzigen Mann, Brad Dorfman. Im südlichen Kalifornien der frühen 1970er erkannte Dorfman den Bedarf nach mehr Produkten im neuen Skater-Stil, 1976 gründete er Vision Skateboards. Dorfman holte sich viele Skater ins Boot, darunter Mark „the Gonz" Gonzales, der das Vision Skateboard Team zu neuen Höhen führte.

1988 kamen die Vision Street Wear Shoes heraus. Bis dahin gab es außer Vans keine reine Skateboard-Schuhmarke. Dann kam Vision Shoes, Schuhe von Skatern designt, die Inhaber der Firma waren und sie geprägt haben. Sie schufen einen eigenen Stil für Skater. In Liebe oder Hass – man kann die Schuhe nicht ignorieren.

RECHTS Von Skatern für Skater, das Vision Street Wear-Logo von 1980

CRACKLE

Der Crackle ist ein High-Top-Schuh, den Vision speziell fürs Skaten entwickelte. Die Schuhe sind extra vernäht, stützen den Knöchel stark und sind ganz besonders dafür bekannt, mit dem ersten Ollie-Pad ausgestattet gewesen zu sein – einer Gummiverstärkung, die das Leben des Schuhs verlängerte. Der Crackle gehört zu der Reihe Schuhen mit Op-Art-Designs und wilden Farben.

   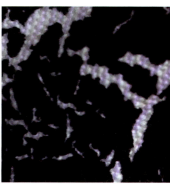

PUNK SKULL

Dieser High-Top-Skaterschuhe kam 1988 mit sämtlichen Skate-Attributen heraus, einschließlich des kultigen „Ollie-Pads". Der Punk Skull ist wahrscheinlich der sammelwürdigste und ruhigste der Vision Skaterschuh-Designs. Er sollte einen Sinn für Freiheit vermitteln und sich eindeutig vom „Hippie"-, „Surf"- und „Disco"- Image abheben.

FASHION FUSION

EINFÜHRUNG VON MARCUS ROSS

Wann ist ein Sportschuh kein Sportschuh mehr? Für Puristen und Enthusiasten ist dies schwierig auszuloten, dennoch muss diese Frage angesichts der scheinbar unendlichen Variationen, die heute auf dem Markt sind, gestellt werden.

Wir sortieren Trainingsschuhe (oder Sneaker) gedanklich meist als Sportzubehör ein, das seit den 1970ern von diversen Jugendkulturen in Beschlag genommen wurde. Unsere Sicht auf Sneaker hat sich allerdings verändert, was inzwischen auch den Marken selbst aufgefallen ist. Puma verfolgt die Strategie des „Lifestyles" und bietet Schuhe für Stil und weniger für Funktion an, während adidas mit dem „Heritage"-Sortiment seine traditionellen Sneaker einem neuen Markt präsentiert, einzig aufgrund ihrer Ästhetik und kultureller Verdienste. Diese Wahrnehmung ist relativ neu, Modedesignern hingegen fiel die Benutzung der Sneaker im Alltag schon früher auf und sie entwickeln seit den 1990ern ihre eigenen Modelle.

Trainingsschuhe werden seit ihrer Einführung geliebt und verehrt. Irgendwann Mitte der 1990er hörte es auf, dass ausschließlich Vertreter bestimmter Jugendgruppen Sneaker trugen, und man sah sie überall und jederzeit, weltumspannend, altersübergreifend, in allen Trends, bei allen Klassen. Und schließlich fanden sie ihren Weg in

LINKS Stella McCartneys Zusammenarbeit mit adidas

die höchsten Höhen der Modewelt, emporgehoben von Designern, Models und Journalisten gleichermaßen. Die Mode folgt gewissen Zyklen, aber die fast schon obligatorische Uniform aus Cargohosen und Sneakern im überwiegenden Teil der 1990er scheint einen unauslöschlichen Eindruck auf Designermode zu haben. Bei der Kollektionsschau von Chanel Haute Couture Frühjahr-Sommer 2014 in Paris steckte Karl Lagerfeld alle seine Models in Sportschuhe.

Dieser eher lässigere Ansatz für Bekleidung führte dazu, dass viele Designer Teile ihrer Kollektionen weniger formell gestalteten und sich damit Anteile an diesem neuen Markt erhofften. Obwohl Modedesigner in der Vergangenheit mit den „Jedermann"-Schuhen

RECHTS Sportschuhangebot mit „eigenem Label" des Modehauses Chanel

flirteten (Chanel, Dirk Bikkembergs und Walter Van Beirendonck zum Beispiel), brach die Revolution der Designer-Sneaker in den späten 1990ern aus. Diese Revolution hatte unterschiedliche Schauplätze. Große Designernamen brachten eigene Versionen heraus, die auf dem Markt, den Sportmarken wie Nike und adidas erschaffen hatten, konkurrieren sollten. Dolce & Gabbana, die im

Vergleich zu ihren italienischen Kollegen, für Jugend und Freizeit stehen, kombinierten zeitgemäße Sportbekleidungsfarben mit

Retro- (besonders italienischen) Stilen und schufen ihre eigenen Sneaker. Ihnen gleich macht es Donna Karans jüngere Nebenlinie DKNY.

Es ist auch nicht überraschend, dass ein amerikanisches Label so erfolgreich ist, wenn man Amerikas lange Beziehung zu Sportbekleidung bedenkt. Nicht nur durch heutige Sport- und Musikstars wurden Sportoutfits zur Mode, ältere amerikanische Modedesigner, ganz besonders Claire McCardell, waren Pioniere des Crossover zwischen Sport- und Freizeitkleidung.

Kooperationen in der Modewelt sind heute selbstverständlich. Die erste bemerkenswerte Zusammenarbeit zwischen Sportkleidung und Haute-Couture fand zwischen der Designerin Jil Sander und der Sportmarke Puma statt. Es heißt, dass Jil Sander ihren Models für eine Modeschau Fußballschuhe des Modells Puma King anziehen wollte. Puma bot an, eine Sneakersohle oben auf dem Schuh anzubringen, um sie funktionaler für den Catwalk zu machen. Daraufhin fragte Jil Sander, ob sie ihren Namen anbringen und die Schuhe verkaufen dürfte. Damit war ihre Zusammenarbeit geboren – und sie besteht auch weiterhin, obwohl sie nicht länger für das Unternehmen tätig ist, das ihren Namen trägt. Eine weitere Kooperation unterhält Puma mit einem Modehaus von Alexander McQueen, McQ. In Anlehnung an die menschliche Anatomie werden die Sneaker von einem Käfig aus Gummi umgeben, der an den Brustkorb erinnert, die Farbpalette kommt in Fleischtönen daher. Der amerikanische Gigant Converse arbeitete kürzlich mit dem britischen Designer John Richmond zusammen, und Converse brachte eine Sonderkollektion mit Missoni heraus. Reebok hat mit Paul Smith eine Angebotspalette von Sneakern erarbeitet. Die vielleicht

GEGENÜBER Durch Sneaker inspirierte Schuhe des italienischen Modehauses Prada
RECHTS OBEN Werk des Briten Paul Smith mit der britischen Marke Reebok
RECHTS UNTEN Das Modehaus Chanel überarbeitete Reeboks Instapump-Sneaker.

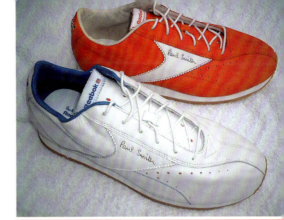

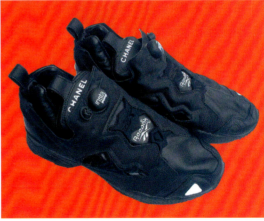

GANZ LINKS Stella McCartneys adidas
LINKS Pradas „Sneaker-inspirierter" Schuh
LINKS UNTEN Converse All Star, Design John Varvatos
UNTEN Ergebnis der Zusammenarbeit von Neil Barrett mit Puma
RECHTS Der japanische Designer Yohji Yamamoto arbeitete für adidas.

interessanteste dieser Kooperationen ist die zwischen adidas und Yohji Yamamoto, dem ikonischen japanischen Modedesigner. Angeblich durch das omnipräsente Bild von adidas-tragenden Kindern in Tokio inspiriert, verarbeitete er das Logo in der Kleidung. Das führte zum Design einer Reihe von Sportschuhen, die Yohji Yamamoto für adidas entwarf. Diese Kooperation unterschied sich von anderen, weil diese Schuhe von Grund auf neu waren und keine Überarbeitungen existierender Modelle, was Yamamoto absolute kreative Freiheit ließ. 2002 gründeten die beiden Unternehmen ein Bekleidungslabel, Y-3, in dem die untrennbaren Einflüsse von Sportkleidung und Design zusammenkamen. Nach der Einführung der original adidas Yamamoto adizero F50 im Jahr 2013 arbeiteten die drei Streifen auch in der nächsten Saison mit Yohji Yamamoto und ließen dem japanischen Modedesigner freie Hand für die zweite limitierte Edition von adizero F50.

Andernorts bedienten sich Modedesigner der reichen Geschichte des Sportschuhdesigns, um ihre eigenen Kreationen zu erschaffen. Manchmal kommt dabei eine einfache Hommage heraus, wie Helmut Langs Converse ähnelnden Lederschuhen. (Es könnte sehr schwer werden, ein echtes Paar Leder Jack Purcells zu finden.) Im Fall von Prada wurde die Gelegenheit ergriffen, einige der schrägsten Schuhe des 20. Jahrhunderts zu entwerfen. Komfortabel zwischen radikalem Design und reiner Kommerzialität aufgestellt, hat Prada jeden Typ Schuh produziert, darunter High Heels. Die Einflüsse von Sport- und Modedesign zeigen sich vermutlich am besten beim silbernen Prada Sport, der kurioserweise für seine Funktion designt wurde, aber zum Stil-Hit wurde, der möglicherweise sogar Nike und adidas für einen kurzen Moment in den Schatten stellte.

GEGENÜBER Yohji Yamamotos Court-Boxschuhe
RECHTS Konventionellere Modelle des japanischen Designers für adidas

KOOPERATIONEN
EINFÜHRUNG

Veränderung ist so gut wie Ausruhen

Eigentlich bin ich kein Freund der Zusammenarbeit bei Sportschuhen, aber ich musste meine Haltung revidieren – zumindest ein wenig. Wenn Sie es bis hierher durch das Buch geschafft haben, wird Ihnen klargeworden sein, dass der einfache Tennisschuh einen weiten Weg hinter sich hat. Er fing als rein funktionelles, eher unbekanntes Sportprodukt an und entwickelte sich zum Bestandteil der Popkultur. Er ist wirklich in jedem Haus und jeder Straße dieser Welt anzutreffen. Er ist nicht mehr nur das eine oder das andere. In dieser neuen Welt ist der Sneaker ebenso modisches Accessoire wie Sportschuh.

Nachdem der Markt in den letzten etwa zwanzig Jahren ständig gewachsen ist,

RECHTS HTM mit Nikes Air Force 1 Lo

müsste doch der Appetit der Sportschuh kaufenden Menschen allmählich gestillt sein. Das dachten sich auch die Marken und suchten nach Wegen, ihren Markt im Aufwärtstrend zu halten.

Als Sport, Freizeit und Mode miteinander verschmolzen, waren die Sneaker-Marken schnell dabei, neue Möglichkeiten zu erforschen. Und während die Marken ihre Fühler nach Neuem ausstreckten, wurden sie von Teilen der Modeindustrie bewundert.

In Geschäftskreisen sucht man „Kooperationen" – zwei eigenständige Unternehmen gehen zusammen, um Verbesserungen für alle Beteiligten zu erarbeiten. So verwundert es nicht, dass wir immer mehr dieser Cross-Befruchtungen zwischen Sportschuhmarken und anderen Unternehmen sehen. Das Konzept ist nicht neu – wie die frühe Kooperation von Vans und United Artists zur Entwicklung eines High-Top-Skaterschuhs mit einem Snoopy-Bild darauf zeigt (siehe Seite 365) – und es gibt immer mehr dieser Konstellationen.

Auf der Jagd nach neuen Wegen sind die Marken moderne Kooperationen eingegangen, wie zum Beispiel Nikes Partnerschaft mit Liberty of London für die Entwicklung des Liberty Air Max 1. Eine der am ungeduldigsten erwarteten Zusammenarbeit war 2014 die zwischen adidas und der britischen Outdoormarke Barbour.

Rückblickend hätten wir alle den Joggingboom der 1970er Jahre voraussehen können oder den Fitnesswahn der 1980er. Aber nur wenige taten es. Die Zeiten ändern sich und mit ihnen die Sportschuhmarken.

RECHTS Vans Kooperation mit dem Modeunternehmen Silas

Wir scheinen an der Schwelle zu einer neuen Ära von Sneakern zu stehen. Vielleicht sind diese Kooperationen, die den „traditionellen" Sneakerfans eher belanglos vorkommen, die neue Zukunft. Oder sind sie bloß eine vorübergehende Mode? Wir werden sehen. In der Zwischenzeit schauen wir uns ein paar Beispiele neuerer Zusammenarbeit an, damit Sie sich Ihr eigenes Urteil bilden können.

BARBOUR TS RUNNER

Ehrlich gesagt, gibt es inzwischen so viele Kooperationen, dass man manchmal nur noch mit den Augen rollt. Einige sind allerdings besonders, wie diese, bei deren bloßer Erwähnung ich schon vor Begeisterung anfing zu sabbern. Das britische Traditionslabel Barbour, berühmt für seine hervorragende, hochqualitative, technisch inspirierte Kleidung in Kooperation mit adidas, der deutschen Kultmarke mit Wurzeln in Großbritannien, berühmt für haargenau dasselbe … Würde das Fachwissen beider Seiten etwas hervorbringen, das es wert wäre, näher vorgestellt zu werden? Ja! Die Design-Teams beider Firmen überarbeiteten gemeinsam Barbour Jacken und adidas Sneaker. Hier sehen wir das Ergebnis von Barbours Handschrift am klassischen TS Runner, der zusammen mit der gemeinsam entworfenen Barbour/adi „Country" Jacke getragen werden sollte. Um zur Jacke zu passen, bekam die Zunge einen Bezug aus Barbours notorischem, gewachstem Baumwollstoff, dazu das wunderbar gealterte, braune Obermaterial aus Leder. Heraus kam ein ästhetisch ansprechendes Modell, das den Elementen trotzt. Das chillirote Columbia-Modell (siehe Seite 336) war so designt, dass es zur in Kooperation entstandenen Jacke „Spectator" passte. Für die Zunge wurde ein neues Ökotex-Material verwendet. Beide Modelle tragen das Barbour Leuchtfeuer-Logo auf der Zunge, der Columbia außerdem auf den Stiften in der Sohle.

BARBOUR COLUMBIA

OPENING CEREMONY, MASTERMIND & NEIGHBOURHOOD STAN SMITH

Der ikonische Stan Smith ist Bestandteil meiner persönlichen Ruhmeshalle. Der Schuh ist mehrfach bemerkenswert. Zunächst entdeckten die Casuals ihn für sich, er wurde für sein charakteristisches, klares und minimalistisches Design gelobt und für das lächelnde Stan-Logo auf der Zunge. Adidas tat recht, den Kultschuh in vielen Varianten zu feiern, unter anderem als Wiederauflage des Originalmodells. Hier zeigen wir einige Modelle, die mit Zustimmung der großen alten Marke kooperativ mit verschiedenen Modehäusern entstanden, die den Schuh nach ihrem Geschmack neu interpretierten. Opening Ceremony arbeitete mit adidas Originals an einer Zebra-Version. Bei der Teamarbeit mit den japanischen Marken Mastermind und Neighbourhood kamen verschiedene Optimierungen heraus, beide tragen den Totenkopf und die gekreuzten Knochen.

BLACK SABBATH ALL STARS

Ich mag es, wie experimentell sich Converse bei den Band-Kooperationen gibt. Hier sehen wir einige der besten Überarbeitungen aus Band-Kooperationen. Converse wandte sich nicht an die übliche Hip-Hop-Ecke, sondern machte gemeinsame Sache mit den „Erfindern des Heavy Metal", den mächtigen Black Sabbath. Dieses Modell ist nach dem dritten Album der Band benannt, die dem Schuh einen 70er Jahre-dunkle-Künste-Look verleiht, oben ganz aus Leder mit violetten Details gearbeitet, an der Ferse ein erhöht gearbeitetes Detail – ein Logo aus Leder in Kontrastfarben. Außerdem findet sich ein gesticktes Logo auf der Zunge. Sensationell!

BLANK CANVAS

Fred Perry brachte es auf den Punkt: „Ein Tennisschuh: fünf globale Unabhängige." Fred Perry feierte berechtigterweise das Jubiläum von Fred Perrys ersten von drei Wimbledon-Siegen im Jahr 1934 und brachte die 1934er Schuhe limitiert heraus. Unter dem Projektnamen „Blank Canvas" arbeitete Fred Perry mit fünf unabhängigen globalen Unternehmen zusammen – Firmament, Hanon, Oi Polloi, Footpatrol und Bodega –, die ihre eigenen Editionen des alten 1934 Fred Perry auf sich zugeschnitten entwickelten. Die tollen Understatement-Modelle sind hier zu sehen.

LIBERTY AIR MAX 1

Wow, wow, wow – definitiv eine meiner Lieblingskooperationen (und ihre auch, wenn man nach den Verkaufszahlen geht). Viele Kooperationen machen keinen Sinn, aber wenn es experimentell wird, bin ich dabei. In dieser Kollektion wurden einige von Nikes kultigsten Schuhmodellen durch die Verwendung einer Auswahl zeitloser Liberty of London-Blumenmuster verändert. Man nehme die klassische Nike Silhouette des Air Max 1, bekannt (ursprünglich) wegen seiner innovativen Technologie, und gebe einige zarte Blumenprints dazu (der psychedelische Liberty Bourton-Print wurde ursprünglich für Liberty-Kleider in den 1960ern verwendet), mische Street Style mit englischer Klassik und was? Verrückt? Aber hey, es funktioniert.

FOX BROTHERS AIR MAGMA

Noch eine interessante Zusammenarbeit, die wir vorstellen. Ich mag es, wenn Modernes auf Tradition trifft und dabei etwas Neues entsteht. Diese interessante und, darf ich sagen, obskure Kooperation war Teil der festlichen Sonderkollektion Herbst/Winter 2013–2014. In dem Modell steckt das Fachwissen des englischen Stoffunternehmens, vereinigt mit dem ACG-Klassiker von Nike. Sehr clever nahmen sie einen ihrer eigenen gestreiften Stoffe als Widerhall des Streifens des vorhergehenden Magma. Die Noppensohle im „Doc Marten"-Stil zieht den Bogen zur traditionellen Sohle und gibt dem Schuh ein interessantes Merkmal.

ROUNDEL AIR MAX 90

Ich hätte nie gedachte, dass ich diesen Satz einmal schreiben würde: „Zur Feier des 150-jährigen Bestehens der Londoner U-Bahn 2014 arbeitete Nike mit …" In diesem Fall holte sich die Sportmarke einen Londoner Designer, Roundel, an Bord, um den Jahrestag der „Tube"-Linien in eine Überarbeitung des berüchtigten Air Max 1 einzuarbeiten. Das Muster des Schuhs, das alles andere als ruhig ist, ist eine Verbeugung vor Misha Blacks „Moquette"-Design für 1970er Polstermuster, das in vielen Zügen der Londoner U-Bahn verwendet worden war. In dem Aufprall von Moderne und Tradition wird Nikes neueste Technologie eingesetzt, Engineered Woven Jacquard ergibt einen Schuh aus einem Guss. Standard oder ruhig – dieser ist es nicht!

APC AIR MAXIM 1

Über die Jahre hat es dem Autor häufig Schmerzen bereitet, dass einige der auffälligen und protzigen Sportschuhe einer ewig hungrigen Öffentlichkeit vorgeworfen wurde. Und so ist es eine Riesenerleichterung, dieses Modell zu zeigen. Nike arbeitete bei der Überarbeitung einiger Modelle bereits mit dem Inbegriff der Pariser Coolness, APC, zusammen. Hier hat das französische Modehaus definitiv das Motto „weniger ist mehr" beachtet. Das Finish der Schuhe ist sehr dezent, sie haben Gummisohlen und nur im Schuh sieht man etwas vom französischen Kooperationspartner. Ich liebe sie!

UNDERCOVER LUNARGLIDE +5 JP

Nicht bei allen Modellen wird zurückgeblickt oder neu aufgelegt: Dies ist ein kürzlich herausgekommenes Nike-Modell, funktionell, aber modern, das Obermaterial aus einem Stück Meshgewebe und mit einer Lunarlon-Sohle. Sie waren interessant genug für eine Kooperation, um Design-Ästhetik und funktionales Laufen zu kombinieren. Die neueste von Jun Takahashi designte Nike x Undercover Gyakusou Kollektion trägt ein monochromatisches Farbschema, hier in zwei Versionen mit dem Gyakusou Markenzeichen auf der Zunge.

STÜSSY BLAZER MID

Für die Produktion dieses Modells tat sich Nike mit dem Street Fashion Label Stüssy zusammen, einem Unternehmen, das traditionell mit den Surface- und Skater-Szenen verlinkt ist, aber inzwischen Teil der urbanen Garderobe geworden ist. Hier überarbeitete Stüssy Nikes „Old Skool"-Klassiker, den Blazer und verpasste ihm einen modernen Look durch neonfarbene Swoosh-Logos.

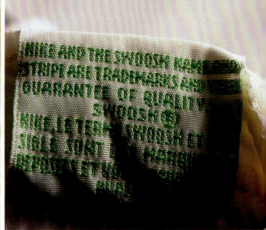

STÜSSY DUNK HI PLUS

Bei der Dunk Hi Plus-Kooperation geht Stüssy fast den entgegengesetzten Weg als beim Blazer (siehe Seiten 350–351). Beim Blazer wurde aus dem ruhigen Design ein lautes, hier nahm Stüssy den traditionell leuchtenden Dunk und dämpfte seine Farben, ergänzte den Effekt mit einem Swoosh aus Krokodilleder- und Schlangenhautimitat.

HTM AIR WOVEN

Diese Schuhe sind Beispiele für Nikes Zusammenarbeit mit drei Designern. Das H steht für den japanischen Designer Hiroshi Fujiwara, das T für Nikes Jordan Designer, Tinker Hatfield und das M für Mark Parker. Das Ergebnis ist die HTM-Serie der gemeinschaftlich designten Schuhe. Für dieses Modell wurde das Woven-Design in Boots mit Schnürsenkeln verwandelt.

HTM AIR FORCE 1 LO

Dies ist eine weitere der Drei-Designer-Kooperationen von Nike/HTM (Hiroshi Fujiwara/Tinker Hatfield/Mark Parker). In diesem Fall hat die Gruppe an einem anderen Klassiker von Nike, dem Air Force 1, gearbeitet und dabei den Nischen- und Modemarkt fest im Blick gehabt.

CROOKED TONGUES CLASSIC LEATHER

Mit Recht wollte Reebok den 30. Jahrestag des häufig übersehenen Reebok Classic Leather feiern. Das Modell ist London verbunden, wird aber häufig wenig gewürdigt, speziell außerhalb Großbritanniens. Als Teil der Feierlichkeiten suchte sich das Unternehmen das Crooked Tongues Team für eine Kooperation aus. Die Sportschuh-Website machte sich viele Gedanken über diese Überarbeitung und entschied sich für eine Hommage an die Sneaker, die man in den späten 1990ern trug, als Sportschuhe in den Clubs verboten waren. Das Team nahm den Patrick Cox Wannabe Python Loafer und verwandelte ihn in einen anderen Klassiker. Das Ergebnis ist eine interessante Version des Classic. Obwohl er radikal verändert wurde, ist er immer noch eine schöne Verneigung vor dem Original.

PACKER STASH INSTAPUMP FURY

Packer Shoes aus New Jersey nahmen sich des Reebok Instapump Fury anlässlich des 20. Jahrestages der legendären Silhouette an. Und es gab eine Kooperation innerhalb der Kooperation, denn Packer Shoes holten sich den berühmten Street Artist und Reebokfan Stash an Bord, damit er seinen speziellen Geschmack zur Party beisteuert. Der Künstler bediente sich einer eigenen Farbpalette und der Fury präsentierte sich in einem Obermaterial aus Wildleder und Synthetik in abgestimmten Blautönen.

PALACE WORKOUT LOW CLEAN FVS

Wieder ein Beispiel für die rasant wachsende Fusion von Sneakern und Skaterschuhen. Hier sehen wir das Ergebnis einer Kooperation zwischen dem legendären britischen Sportausstatter Reebok mit der Skatermarke Palace Skateboards. Die Skater wollten den Workout Lo aus seiner „Aerobic-Ecke" holen und einen Skaterschuh aus ihm machen. Daher blieb das verwendete Obermaterial Leder und der Schuh bekam eine neue vulkanisierte Sohle (inspiriert durch die Funktionalität beim Skaten), wodurch er „9000 %" mehr Grip erhielt!

MITA R12 TOKYO CLASSIC LEATHER

Zur 30-Jahr-Feier des Reebok Classic Leather wurde eine weitere bemerkenswerte Kooperation auf die Beine gestellt. Das britische Unternehmen schaute ostwärts und arbeitete mit dem gefeierten japanischen Schuhhersteller Mita zusammen und Junge, haben die auf den Putz gehauen! Die überarbeitete Version hatte kontrastierende Farben, Materialien und Texturen. Die Kirsche auf der Sahne sind Mitas Gummisohle und im Dunkeln leuchtende Sterne!

ASPCA VANS AUTHENTIC

Wenn Sie seit den frühen 90er Jahren nach Deadstock Sportschuhen gesucht und dann ein Buch über diese Leidenschaft verfasst haben, glauben Sie, Sie hätten alles gesehen. Aber mit dieser Zusammenarbeit hat Vans mich umgehauen – im positiven Sinn! Die große Skatermarke hat bei dieser Kooperation mit der American Society for the Prevention of Cruelty to Animals (ASPCA), einer Tierschutzorganisation, viel Fantasie bewiesen. Die Wächter über unsere felligen Freunde überarbeiteten den Authentic (hier zu sehen) und Sk8-Hi-Modelle. Der Sk8-Hi war für unsere Hundefreunde, dieses Modell war übersät mit Knuddelkatzen … die Rechnung geht auf!

STAR WARS VANS AUTHENTIC

Eine Kooperation mit diesem weltweit agierenden Koloss muss wohl bei jedem Unternehmen ganz oben auf der Liste stehen. Vans ergriff die Chance, mit dem Franchise *Star Wars* zu arbeiten und entwickelte Modelle zu den Charakteren und Aspekten der Filmklassiker. Dieser Authentic ist mit Yoda, dem uralten Jedi-Meister, allerdings ist die kleine Figur in einem hawaiianischen Blumenprint eingebettet. Wie der hutzlige grüne Jedi selbst sagen würde: „Wenn 900 Jahre alt du wirst, so gut aussehen du nicht wirst. Hmmm?"

THE BEATLES SK8-HI

Es wäre so toll gewesen, der Fantasie über diese Kooperation freien Lauf zu lassen! Das The Beatles x Vans Yellow Submarine Pack ist jedoch einem völlig ahnungslosen Publikum enthüllt worden. Dieses unglaubliche, höchst stilvolle Stück Kunst ist aus dem Original-Cartoon erwachsen und öffnet eine weite Angebotspalette. Viele Charaktere schmücken die Modelle, hier sehen wir den Sk8-Hi in einer psychedelischen Farbüberarbeitung mit Auszügen aus dem Cartoon und großen Abbildungen der Beatles.

CAMP SNOOPY VANS ERA

Wie bereits in unserer ersten Ausgabe erwähnt, war Vans eins der ersten Unternehmen, die mit anderen Marken zusammengearbeitet haben. Um einige von ihnen zu ehren, tauchte Vans tief ins eigene Archiv ein. Hier sehen wir als Teil der Vans Vault OG-Auflage den Era LC „Camp Snoopy", das einen alten Druck wiederbelebt, der zuerst 1983 anlässlich der Eröffnung von Camp Snoopy zu sehen war. Die pinken Schuhe sind mit der Waffelsohle des Old Skool ausgestattet – ich wünschte, ich könnte sie tragen!

KENZO VANS SLIP ON

In einer andauernden Serie von Kooperationen ist dies die vierte Zusammenarbeit von Vans mit dem Pariser Hipster Label Kenzo. Sechs Farben sind erhältlich für diese im schnursenkellosen Vans Slip-On Stil (hier gezeigt) gehaltenen Schuhe. Auf jedem Paar ist ein unverkennbarer Druck aus Kenzos Frühjahrs-/Sommerkollektion von 2013 zu sehen: „Nebelparder", inspiriert durch Reisen des Kreativdirektors durch Thailand. Sehr gut, wenn Sie welche bekommen!

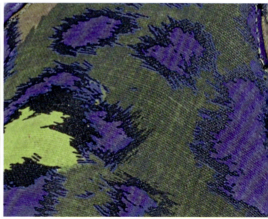

SILAS SKATE

Hierfür arbeitete Vans mit dem Modelabel Silas zusammen. Van bat einige ausgewählte Designer um ihre eigenen Ideen für die Skaterschuhe von Vans, um sie verstärkt in den Modebereich zu bekommen. Diese Version ist ein moderner Silas Graffiti Sk8-Hi.

SNOOPY

Eigentlich ist es typisch Vans, dass sie unter den ersten waren, die begriffen, wie gut Kooperationen sein können. Die Kalifornier waren im Umgang mit ihren Stoffen immer sehr liberal und ermöglichten es ihren Kunden beispielsweise, das Material selbst auszuwählen, aus dem der Schuh gefertigt wurde. Diese frühe Zusammenarbeit mit United Artists ergab einen Sk8-Hi mit Abbildungen des Lieblingshundes von einfach jedem, Snoopy.

TRAURIG, VERRÜCKT ODER SCHLIMM
EINFÜHRUNG

Des einen Fleisch ist des anderen Gift oder **Schönheit liegt im Auge des Betrachters**

In der Sneakerwelt geht es genauso zu wie im Rest des Lebens – was einer mag, ist für den anderen ein Hassobjekt. Die alten Redensarten oben bringen es auf den Punkt. Unabhängig jedoch davon, für welche Marke Ihr Herz schlägt, ob Sie ein adi oder Nike sind, gibt es ein paar Schuhe, die alle Grenzen von Zugehörigkeit oder Geschmack überschreiten – sie sind einfach nur schockierend.

Einige in diesem Kapitel genannten Modelle sind nicht wirklich „schlimm", sondern eher „verrückt". Andere wiederum sind einfach nur „traurig". Vielleicht waren sie Versuche, auf einen Zug aufzuspringen, um eine gewisse „Coolness" für sich zu erhaschen. Welcher Impuls auch dahintersteckte, das Ziel wurde nicht erreicht.

Eine Erwähnung hier muss nicht unbedingt einen negativen Beigeschmack haben, nicht alle Schuhe sind schrecklich. Sie kommen hier vor, weil sie gewisse Reaktionen auslösten oder Grenzen der Exzentrizität oder des Geschmacks überschritten. Manchmal ist es schwer zu bestimmen, ob es sich um innovatives Genie handelt oder blanken Unsinn. Manchmal funktioniert etwas, manchmal schießt es komplett am Ziel vorbei.

Das entschuldigt allerdings nicht alles! Es gibt Schuhe, für die gibt es keine Rechtfertigung. Ein Eintrag in der schlimm/traurig-Abteilung kann nicht bebildert werden – niemand würde zugeben, ein Paar zu besitzen. Das ist der L.A. Gear Billie Jean, designt von Michael Jackson in den

OBEN Nike Air Raid Wood (siehe Seite 376)

1980ern. Die Schuhe hatten Metallriemen und Nieten, wie das Outfit von Michael Jackson auf seinem Album Billie Jean. Wo wir dabei sind, British Knights verdient in den Augen einiger Personen auch einen Eintrag in diesem Kapitel.

Wie dem auch sei, schauen Sie sich die Schuhe an und bilden sich Ihre eigene Meinung.

ADIDAS SKI BOOT

Offizieller Name: Cross Country Ski. Dieser Schuh zeigt, wie sich adidas öffnete und sein Expertenwissen erweiterte, um Schuhe für alle möglichen Sportarten zu produzieren. Achten Sie auf das riesige adidas-Dreiblatt auf dem protzigen Silber – zwar von zweifelhaftem Geschmack, aber eindeutig Zeichen einer selbstbewussten und von sich überzeugten Marke.

ADIDAS TUBULAR

Der adidas Tubular aus dem Jahr 1995 ist ein Beispiel für das Ringen der Hersteller um die Perfektionierung des „Instant-Pumping"-Systems. Wie man sieht, auf ästhetisch unschöne Weise – der Schuh kam überhaupt nicht gut an. Neue Technologie hatte allerdings zu einem besseren Handling geführt und auf der Lufteinheit um die Sohle lief man wie auf Wolken.

BRITISH KNIGHTS

Einmal gesehen, vergisst man diesen Schuh nie mehr. British Knights entwickelten Kampfgeist in den 1980ern, als viele Marken die Gelegenheit sahen, auf den freizeitorientierten Sportschuhmarkt zu kommen. British Knight hatte keine Erfahrung im Sportsektor und verließ sich auf „zweifelhafte" Promi-Werbefiguren als Sprungbrett in den Markt. Glücklicherweise war der Trend so schnell beendet, wie er aufgekommen war und British Knights sind von der Bildfläche verschwunden.

L.A. GEAR

L.A. Gears blinkende Sohle (L.A. Lights) ist berühmt, ein Produkt der 1980er und des damaligen Sneaker-Booms. In demselben Jahrzehnt trat Reebok mit seinem Freestyle eine Revolution los und gewann enorm an Marktanteil. L.A. Gear sprang aus dem Nirgendwo auf den lukrativen Markt, ohne jede Erfahrung im Sportbereich, und brachte Klone heraus, so wie diesen dem Freestyle nachempfundenen Schuh. Leider hatten sie Erfolg damit und als Michael Jackson sich mit seiner Billie Jean Reihe zu ihnen gesellte, war das ein Schritt zu viel. L.A. Gear sauste von null auf Platz Nummer drei und wieder zurück auf null innerhalb von zehn Jahren.

NIKE AIR PRESSURE

Der Air Pressure kam 1989 heraus, begleitet von Nikes Hoffnung, er möge der beste Basketballschuh auf dem Markt sein. Es gab ihn nur in dieser Farbe. Das System, innovativ, wie es mit der Pumpe und dem Luftventil war, funktionierte nie richtig. Nikes Designer Tinker Hatfield entwickelte die Schuhe, die Marty McFly in *Zurück in die Zukunft II* trug, auf Basis dieses Modells.

374   TRAURIG, VERRÜCKT ODER SCHLIMM

NIKE AIR RAID WOOD

Nike brachte die Air Raid Serie 1992 heraus, dieses Modell aber war eine Hommage an den Basketballplatz. Der Schuh war für die Betonplätze draußen entworfen, als Verneigung vor den alten Holzspielfeldern stattete Nike ihn mit einem Holzfinish über der eigentlichen Sohle aus. Und um es noch schlimmer zu machen, prangte ein buntes Peace-Zeichen auf den Kreuzgurten.

NIKE AIR SUPERDOME

Der Air Superdome kam 1990 heraus und war der am besten ausgestattete Wanderschuh, den Nike in seinem ACG (All Condition Gear)-Sortiment anbot. Der Air Superdome war fürs Bergwandern und speziell für Schnee gedacht, das Modell selbst auf Basis des früheren Lava Dome entwickelt. Statt nun die Klobigkeit der Schuhe etwas zu verstecken, versah Nike sie mit laut schreienden Farben, damit sie auch in schneebedecktem Gelände gut sichtbar waren.

NIKE OUTBREAK

Der Outbreak kam 1988 als Nikes erster Versuch heraus, in den Skatermarkt vorzustoßen. Diese Version hat einen Baumwollstoff (es gibt ihn auch in Leder) und das „große Nike"-Styling, das an den Era erinnert, aber an der Seite und nicht an der Ferse. Der seltene Schuh ist gut angenommen worden, deshalb verdient er einen Eintrag in diesem Kapitel.

PUMA THE BEAST

The Beast ist ein Basketballschuh aus den frühen 1980ern, in High- und Low-Versionen. Aber nicht deshalb wird man sich an The Beast erinnern. Heute ist es gang und gäbe, mit Imitaten zu arbeiten, aber damals gab es keinen anderen Schuh mit Leopardenfellimitat. Denken Sie mal – ein Fellschuh in den 1980ern! Gewagt und großartig.

PUMA PINK PANTHER

Dieses Modell aus den 1980ern ist ein Beispiel für eine Kooperation zwischen einer etablierten Sportschuhmarke und einem kommerziellen Partner, der nichts mit Sport zu tun hat. Der Pink Panther spricht für sich selbst: Der lausige Panther war äußerst rosa und verdient seinen Platz hier.

PUMA TRINOMIC

Dies ist ein weiteres Beispiel für die Suche nach dem Trainingsschuh ohne Schnürung. Puma kündigte das Trinomic System 1990 mit lauten Fanfaren an. Das System funktionierte tatsächlich als einfaches „Scheiben"-System – wird die Scheibe gedreht, schließt sich der Schuh, ganz ohne Schnürsenkel. Trotz des technischen Erfolgs verkaufte sich der Schuhe nie wirklich gut, das System wurde bald fallengelassen.

TROOP HOT SPOT

Der Troop Hot Spot ist ein weiterer Vertreter der Dekade des schlechten Geschmacks. Troop gehört zu den Firmen, die in den 1980ern als Trittbrettfahrer auf dem expandierenden und lukrativen Sneakermarkt landen wollten. Wie L.A. Gear konzentrierte sich Troop vor allem auf den Aerobic-Markt und dieser Schuh ist eindeutig ein Nachbau des Reebok Freestyle. Troop setzte Werbeträger außerhalb der Sportwelt ein und leuchtende Farben, um für Frauen attraktiv zu sein. Die Strategie ging für eine Weile auf und dann unter.

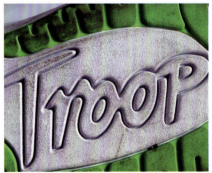

VISION THE MOO

Vision war eine Skaterschuhmarke von Skatern für Skater, die Vision Street Wear war ein Kind der späten 1980er. Die Schuhe hatten Skater-Charakteristika wie „Ollie Pads". Der Moo hat es in dieses Kapitel wegen seines Kuhfell-Musters geschafft. Vision wollte Designs, die rebellisch und „anti-Hippie" waren und den Skatern einen eigenen Look verliehen. Der Moo hat das sicherlich getan.

ZURÜCK IN DIE ZUKUNFT
EINFÜHRUNG

Der amerikanische Schriftsteller und Philosoph Mark Twain bemerkte einmal, dass „die Geschichte sich nicht wiederholt, aber sich reimt". Bei diesem prophetischen Satz hatte er zwar keine Sportschuhe im Sinn, aber das Zitat passt ganz besonders auf die heutige Szene.

Die ganze Welt der Sneaker ist aus den Fugen geraten. Es scheint, dass nicht ein Monat vergeht, ohne dass einer der Giganten oder Startup-Unternehmen eine Latte neuer Modelle an eine erwartungsvolle Öffentlichkeit übergibt. Es sind diese Veröffentlichungen oder Überarbeitungen der Schuhe, die einen an das Zitat von Twain denken lassen. Die große Mehrheit neuer Schuhe sind Wiederauflagen, Sonderausgaben oder Neuinterpretationen alter Klassiker durch ein schickes neues Unternehmen oder coole Designer. Es muss inzwischen wohl jeder schon einmal mit einer der „etablierten" Firmen zusammengearbeitet haben, um eigene Versionen eines klassischen Modells aus dem Katalog zu produzieren.

Das an sich ist ja auch nicht verkehrt, einige der Neuinterpretationen oder Kooperationen sind überirdisch und verleihen alten Klassikern eine neue Dimension, durch die er sogar noch zeitgemäßer oder einzigartiger wird. Aber – für jedes neue gute Design gibt es ein ebenso schlechtes und der Satz „Alles in Maßen" kommt mir in den Sinn.

Vorbei sind die Tage, als nur die eingesessenen Sportmarken Sneaker herstellten. Heute produziert wohl nahezu jede Bekleidungs- oder Modefirma ihre eigenen. Werfen Sie einen Blick auf das Angebot in Ihren örtlichen Geschäften: Einige wenige sind innovativ, die meisten freche Imitate.

Was auch geschehen mag, wir können davon ausgehen, dass die Kreativität nie ausgeschöpft ist und wer weiß, wo Sneakerdesigns hingehen – treten Sie also zurück und genießen die Reise.

ANGRIFF DER KLONE
AIR-TECH UND ANDERE

Von diesen müssen Sie schon welche gesehen haben. „Klonschuhe" gibt es bei Straßenverkäufern und Billigläden in Ihrer Nähe. Es sind Imitate etablierter Marken, diese verfälschte Version hat die „Stiftpolsterung" und die Seitenstreifen wie adidas, den Namen Air Tech von einer in den 1980ern herausgekommenen Reihe von Nike.

ALIFE
UPTOWN

Es ist eine Freude, diesen bahnbrechenden, ungestümen neuen Spieler zu beobachten. Das Sportschuh-Kollektiv Alife aus New York war unter den ersten, die versuchten, das Monopol der „Big Player" zu brechen. Manchmal sind ihre Modelle zwar ein wenig zu dicht an frühere Angebote anderer Hersteller angelehnt, aber wenn Alife in Form ist, weht ein frischer Hauch durch die Sneakerwelt und öffnet die Türen auch für andere.

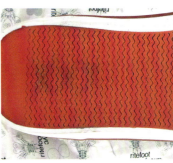

BAPE STA
FOOT SOLDIER

A Bathing Ape, eine „Hipper als du"-Bekleidungsmarke aus Japan, hat eine wachsende Fanbase, die sklavisch allem folgt, was der Chefdesigner Nigo macht. Ehrlich gesagt, sind die Schuhe zwar sehr gut gemacht, aber im Grunde Air Force 1s mit einigen Anpassungen und Logos, um ihnen dieses Must-Have-Gefühl zu verleihen.

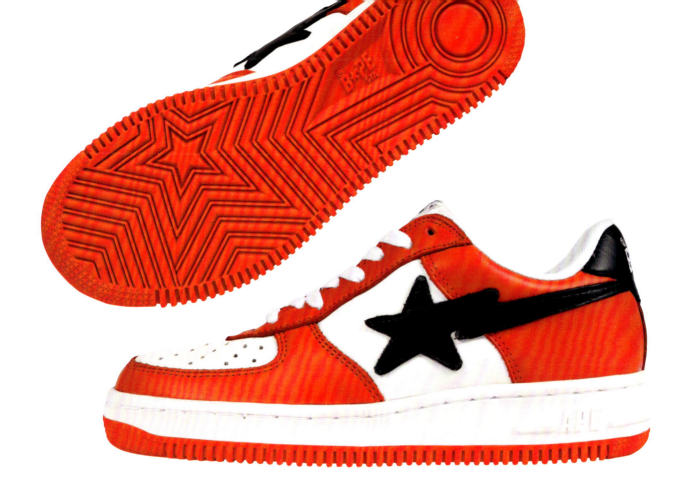

BUDDY
BULL TERRIER

Buddy ist eine Marke aus Japan, deren Mantra „Glücklichmachen" lautet. Sie bringen Sneaker raus, die halten sollen, die Sie einige Jahre lang glücklich machen sollen, nicht nur ein paar Monate. Hier ist ein Low-Profile Bull Terrier abgebildet. Das Obermaterial ist dickes Kuh-Wildleder mit einer daran angenähten statt geklebten Gummisohle. Dadurch löst sich die Sohle nicht ab, wie es häufig mit geklebten Sohlen geschieht.

CORGI MID

Dies ist das Modell Corgi in niedriger Boots-Form. Es ist nicht nur nach dem walisischen Hütehund benannt, die Form des oberen Teils ist inspiriert durch das Hundeohr, die Schlaufe imitiert den Hundeschwanz –die Königin wäre stolz darauf gewesen. Auch das Innenleben und die Verarbeitung ist mit demselben Blick fürs Detail gearbeitet, beides aus pflanzlich gebleichtem Tochigi-Leder, das wunderschön altert.

CONVERSE CHUCK TAYLOR
BACK ZIP

Hier ist ein weiterer Schuh aus unserer Ruhmeshalle, ein Schuh, auf den das Wort „ikonisch" zutrifft. Seit seinen schlichten Anfängen auf dem Basketballfeld ist das Modell auf ewig stylisch. In jeder Saison erhält es eine neue Farbgebung, einen neuen Druck oder es gibt eine neue Kooperation. In diesem Fall brachte Converse hinten am Schuh einen Reißverschluss an. Nicht nur das Anziehen wird dadurch erleichtert, der ganze Schuh ist anders. Das traditionelle Segeltuch wurde durch festen, gewaschenen und gealterten Twill ersetzt. Dieselbe Behandlung erfuhren die Zehenkappe und die gewebten CT Knöchelflicken, um dem Schuh einen Vintage-Effekt zu verleihen.

DUFFER
YOGI

Diese Jungs standen an vorderster Front bei der Suche nach Quellen für Deadstock Sneaker, als die Idee für die meisten noch völlig fremd war. Die Bekleidungsfirma aus London betrat einen Markt, auf dem sie sich gut auskannte, und ihre Beiträge, wie dieser Yogi, werden mit Recht bewundert.

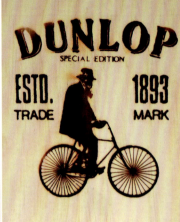

DUNLOP

75. JAHRESTAG DES GREEN FLASH

Die verdiente alte Marke Dunlop feierte 2004 das 75-jährige Jubiläum des Green Flash, der von 1929 bis 2004 produziert wurde. Zur Feier dieses Ereignisses brachte Dunlop noch einmal das originale Design des Schnürschuhs aus Segeltuch heraus. Die Schuhe waren von 1 bis 750 durchnummeriert, abzulesen auf dem Schild.

DUNLOP
NAVY FLASH CUSTOMIZED

Mit dieser Version modernisierte Dunlop den klassischen Navy Flash. Unter der Maxime „Dunlop ist mein Segeltuch," holte sich der Designer Adam Duffy seine Inspiration bei Straßen- und Graffiti-Künstlern und verwendete Schablonen mit fetten Retrodesigns wie „Flash Is Back" und „Drop Pants Not Bombs".

FRED PERRY
HOPMAN LEATHER 80

Es tut gut zu sehen, dass die große, alte, britische Marke mehr aus ihrer illustren Schuhtradition macht. Hier sehen wir einiges mehr aus der Schatzkammer: den Hopman Leather 80 Year Tennisschuh, den Tischtennisschuh und das 1935er Segeltuchmodell. Alle überdauern die Zeit, die schlichte Ästhetik passt noch heute.

NIKE
AIR MAX 180 GERMANY SP

Camouflage ist ein Muster, das sich sehr häufig auf Sneakern findet. Leider sind einige Beispiele dafür schon sehr übel. Nikes „Country Camo"-Design allerdings brachte einige Gewinner hervor. Es verwendete mehrere Air Max-Silhouetten, die mit Tarnmustern aus Militärarchiven verschiedener Länder überarbeitet wurden. Hier sehen wir das ikonische Air Max 180-Modell im deutschen Flecktarn-Muster in den korrekten Bambus- und Khaki-Farbtönen im Stoff und auf der Sohle. Zur Abrundung ist die deutsche Flagge in die Einlegesohle gestickt.

NIKE
MAYFLY

Nikes Mitgründer Bill Bowerman glaubte, dass der ultimative Laufschuh seinen Träger bis einen Meter hinter die Ziellinie bringt, bevor er zerfällt. Anscheinend kosten jede extra 100 Gramm, die man an den Füßen trägt, etwa 1 % mehr Energie, um auf dasselbe Niveau zu kommen. Der Mayfly ist ein Leichtgewicht, das für 100 km laufen/rennen ausgelegt ist. Daher der Name: Die Eintagsfliege (Mayfly) ist ein Insekt, das an einem Tag schlüpft, sich vermehrt und stirbt.

BOWERMAN
series

REUSE A MAYFLY
c/o NIKE RUNNING FOOTWEAR TEAM
EC-2A
NIKE EUROPE
COLOSSEUM 1
1213 NL HILVERSUM
THE NETHERLANDS

NIKE WILL RECYCLE THIS RACING SHOE IN ITS 'REUSE A SHOE' PROGRAM IF YOU ARE KIND ENOUGH TO RETURN YOUR USED SHOES BACK TO US

NIKE VA RECYCLER CE MODÈLE DE COMPETITION DANS LE CADRE DE SON PROGRAMME 'RECYCLER UNE CHAUSSURE' SI VOUS NOUS RETOURNEZ VOTRE CHAUSSURE USÉE - MERCI!

NIKE
HARRIS TWEED TERMINATOR

Eindeutig eine der interessanteren Überarbeitungen eines klassischen Modells. Nike schafft hier die Gegenposition zu seinem original „aggressiven" Terminator aus dem Jahr 1985 durch die Verwendung von traditionellem Harris Tweed. 50 Insulaner der schottischen Hebriden sollen nötig gewesen sein, die für die Produktion erforderliche Menge Stoff zu weben.

JUST DO IT

7⁵
UK 5
EUR 38.5
CM 24.5

WMNS TERMINATOR LOW PRM TWD

CLSC OLV / BAROQUE BRWN-BIRCH
OLIV / PLBRWN-BEIBOU

MADE IN VIETNAM / FABRIQUE AU VIETNAM
HECHO EN VIETNAM

309878 321   WWW.NIKE.COM

PONY
SHOOTER

Pony ist zwar überwiegend nur in seinem Heimatland USA bekannt, aber es ist gut zu sehen, dass einer der alten Recken sein Haupt hebt. 1972 gegründet, hatte Pony in den 1980ern seine Glanzzeit und wird auch für immer mit dieser Zeit verbunden bleiben. Von dort stammt auch der Shooter, dessen Wiederauflage wir hier sehen und der zu Ponys „Déjà Viewed"-Kollektion gehört, in denen einige der Klassiker neu vorgestellt werden.

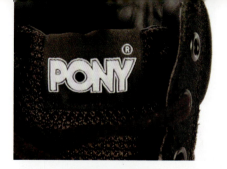

PRO-KEDS
STÜSSY

Der letzte Wurf von Pro-Keds macht das Unternehmen zu einem Full House der Sneaker-Trends, hier der überarbeitete Old Skool-Klassiker, der Royal Low. Das hippe Streetwear-Label Stüssy hat ihm einen neuen Look verpasst mit grafischen Dollarzeichen, für neue Akzente und ein modernes Gefühl.

PUMA
STATES

Was soll man sagen? Schwelgerei? Betrug? Verherrlichung? Warum einen Schuh nochmal anbieten, der bereits in der Hall of Fame unserer ersten Auflage vertreten war? Einen Schuh, der schon in der persönlichen Top 10 des Autors war und ist? Einen Schuh, der fast 50 Jahre alt ist, einen Schuh, der in dieser Zeit nicht gealtert ist. Warum? Weil er ein zeitloser Klassiker, ein verdammt großartiger Schuh ist und weil dieses Modell ohne Unterbrechung die Nummer eins der Straße war. Hier sehen wir den neu herausgebrachten Schuh in einigen seiner klassischen Farben – warum ändern, was gut ist? Schlicht, elegant und immer noch ein Hingucker nach all den Jahren.

PUMA
SUEDE OLYMPIC EDITION

Um den Schuh zu feiern, der höchstwahrscheinlich als Signature Schuh gilt, wurde eine limitierte Auflage der legendären Puma Suede und Leather Basket herausgebracht – in vier Stilen, die durch vier verschiedene Olympische Spiele inspiriert waren: München, Los Angeles, Mexiko und Tokio. Jeder Schuh in eigenem Farbmuster und dem aufgestickten olympischen Feuer sowie dem jeweiligen Austragungsjahr. Nur ein kurzer Run auf die Schuhe war möglich.

REEBOK
S. CARTER COLLECTION

Ein weiteres Beispiel der unendlichen Kooperationen ist dieser Reebok-Sneaker, eine Zusammenarbeit mit Shawn Carter, besser bekannt als Jay-Z. Der Schuh wurde für den urbanen Freizeitmarkt geschaffen. Das Modell war das erste der Rbk-Kollektion oder wie der Mann selbst sagte, „Wer die C. Carter Collection testet, sollte wissen, dass sie definitiv meinen hohen Ansprüchen und Erwartungen entspricht."

TRETORN
GULLWING HOCKEY BOOT

In seinem Heimatland längst etabliert, zieht Tretorn auch international Aufmerksamkeit auf sich und ist ein Beispiel dafür, dass die Sneakerwelt immer größer wird. Diese Marke ist allerdings kein Neuling. Tretorn wurde 1891 in Schweden gegründet und fertigte bis Mitte der 1980er alle Schuhe in Helsingborg. Diese Wiederauflage des Hockey Boots trägt das Markenzeichen, den gestickten Möwenflügel.

VANS

SLAYER

Ein interessanter Schlenker bei den Kooperationen ist die Originals-Kollektion von Vans. Dahinter steckt ein nicht endendes Programm für die Zusammenarbeit mit Bands und Musikern, die Vans lieben. Die Schuhe werden exakt den Original-Skaterschuhen nachgebaut, diese Version des „Old Skool"-Modells stammt von der Band Slayer, und auch Motörhead war schon eingespannt.

VANS
VERSCHIEDENE KLASSIKER

Wir müssen hier einfach eine Reihe der klassischen Modelle von Vans zeigen, in erster Linie aufgrund des erstaunlichen Wachstums der Marke seit der ersten Auflage unseres Buches. Damals verkauften sich die Old Skool-Modelle fast schon unterirdisch schlecht, und wir nahmen ein paar Fotos der seltenen „Made in the U.S.A."-Modelle aus meiner eigenen Sammlung ins Buch auf. Ein Schnelldurchlauf über zehn Jahre zeigt, dass Vans Widergeburt so enorme Ausmaße angenommen hat, dass Ihnen garantiert draußen nach spätestens fünf Minuten in der Stadt jemand mit Vans, wie den hier abgebildeten, an den Füßen begegnet. Meist in Blockfarben gehalten, aber fast genauso häufig in „verrückten" Drucken. Wir mussten die Klassiker wie hier den Slip-On, Sk8-Hi und Era zeigen.

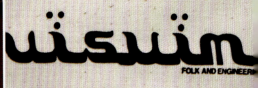

VISVIM

FBT

Dieser Schuh stammt von der kleinen japanischen Firma, die Hiroki Nakamura 2001 gründete. Die Inspiration für den Schuh war ein Albumcover der Band Fun Boy Three (daher der Name: FBT), auf dem der Sänger und Gründer Terry Hall ein Paar „'80s-Mokkassins für Ska Boys" trägt.

YMC SNEAKER MIT LÖCHERN UND ANDERES

Wenn man immer alles gleich macht, gibt es keine Veränderung. YMC verschiebt häufig die Grenzen des Geschmacks und des Designs. Der Gedanke hinter diesem ausgeschnittenen Sneaker war die Hochzeit zwischen Schuh und Boot. Der Bereich um die Fesselriemen stützt, das fehlende Stück bewirkt eine interessante Ästhetik. Die Firma war noch nicht zufrieden und fügte ein Detail für die Mutigen hinzu und mit einer erstaunlich langen Tradition im Sneaker-Design (denken Sie an die adidas der späten 1970er): Schlangenlederimitat!

Diese Angebote des seit Langem traditionellen Labels You Must Create (YMC), das Deadstock Sneaker Sourcing betreibt, illustrieren die immer größer werdenden Bewegungen in Teilen der Sneakerwelt zu einem Lo Fi-Camp hin. Understatement, eine breite, elastische Fläche statt der Schnürsenkel, eine Zehenkappe aus Gummi, traditionelle Formen und robuste Gummisohlen. Geben Sie einen Liberty-Stoff oder eine zartrosa Farbgebung hinzu und Sie erhalten einen Geschmack auf die Stimmungen der Welt der Fußbekleidung.

LO-FI VS HI-FI
EINFÜHRUNG

Mehr ist weniger? Diskutieren Sie … Nein! Nicht umblättern, wir sind nicht wieder in der Schule gelandet. Aber diese Frage liegt nahe, wenn man die augenblickliche Situation betrachtet. In den vergangenen Jahren hat sich die Sneakerwelt, wie das Universum, immer weiter ausgedehnt. Neue Firmen wollen den Markt erobern, alte Hersteller wenden sich ihrer Geschichte zu und erfinden sich neu und nahezu jedes Unternehmen kooperiert mit einfach jedem, von dem man mal gehört hat. Sei es gut oder schlecht – diese Kooperationen und die dadurch verursachte Explosion an angebotenen Modellen hat die Schuhproduktion dorthin gebracht, wo sie nie zuvor gewesen ist! Die Marken arbeiten nun mit neuen Designs für die Vorstellung eines neuen Autos (Onitsuka und der Mini Cooper) oder um ein neues Spielzeug zu feiern (Reebok und Voltron). Und wir haben die Geburt von „Sportschuhen mit einem Gewissen" erlebt, als Öko- und Fairtrade-Schuhe auf den Markt kamen.

Diese Eskalation der Produktion hat zu einem Bruch unter den Unternehmen geführt, aber noch wichtiger, zu einem Bruch unter „uns", den Sneaker tragenden Tribes, in zwei Lager. Die beiden Lager können klar getrennt und zusammengefasst werden als Lo-Fi- gegen Hi-Fi-Fans. Da gibt es diejenigen, die die gerade eben herausgekommenen Schuhe tragen oder sich einzigartig in einer limitierten Auflage vorkommen. Das ist der „Hi-Fi"-Tribe. Die „Lo-Fier" haben sich praktisch als Reaktion auf die erste Gruppe erfunden.

Die Lo-Fier, angeführt von Indie Musikbands, zeigen ihren Einspruch gegen alles Hi-Fi-mäßige durch das Tragen von Schuhen vom entgegengesetzten Ende des Spektrums – daher der abgespeckte Segeltuch-Gummi-Schuh. Diese Designs haben schon mehr als 100 Jahre auf dem Buckel, aber sie schaffen es, auch heute noch frisch auszusehen. Natürlich gibt es auch welche, die mit jeweils einem Fuß in einem der Camps stehen und das Beste aus beiden Welten tragen. Eins ist sicher – für jeden von uns ist Platz genug.

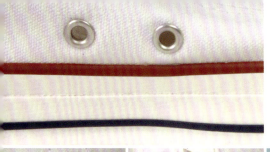

LINKS Der originale Lo-Fi-Converse All-Star
UNTEN „Old Skool" ist die „New Skool", gesehen bei Razorlight.
RECHTS Mehr Indie-Sportschuhe, dieses Mal an den Füßen von Kasabian

TENNISSCHUHE
TRADITIONELLE MARKEN

Im Zeitalter des Massenmarketing, der Wiederauflagen und Kooperationen – sowohl seltsam als auch Mainstream – mit limitiertem „Diesem" und fortschrittlich technologischem „Jenem" und einer unendlich wirkenden Auswahl an Designs, verwundert es sehr, dass die große Sache bei den Sportschuhen der Aufstieg des schlichten weißen Tennisschuhs war. Aber nein, nicht wirklich verwunderlich. In der Physik gibt es den Lehrsatz „Jede Aktion erzeugt eine Gegenreaktion". Was würde sich besser als Antwort auf all die Streuungen durch die Unternehmen eignen als zurückzugehen zum ureigenen Glauben der Tribes, aus dem der ganze kulturelle Sneaker-Zirkus entstand, und zu sagen „Ich spiele euer Spiel nicht mit"? Tragen Sie die einfachsten Sneaker, die Sie finden können, gehen Sie den ganzen Weg zurück zu den Ursprüngen mit Segeltuch und geklebter Sohle. Günstig und voller Freude und an jeder Einkaufsstraße zu bekommen – er war der meistverkaufte Schuh 2007 und ein frischer Luftzug.

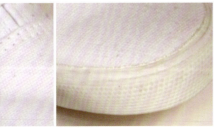    

YMC
KLASSISCHER TENNISSCHUH

Typischerweise ihrer Zeit voraus sind diese schlichten Sneaker aus Segeltuch der britischen Bekleidungs- und Schuhdesigner You Must Create. Auf dem Fundament eines 1940er Tennisschuhs illustriert er die Gesinnung der Marke, fest im Glauben an das „zurück zu den Grundlagen" Lo-Fi-Lager. Aufgrund ihrer Geschichte des Deadstock Sourcings war es klar, dass YMC nach der Maxime „weniger ist mehr" einen Schuh entwickeln können, der so nah am Original ist, dass er beinahe aus uralten Zeiten stammen könnte, bis auf etwas moderne Veränderungen.

VERAS

BENFICA, FARO, LISBON

Als Waliser sei mir hoffentlich die Bemerkung gestattet, dass – abgesehen von John Toshack und meinen Landsleuten in der Internationalen Brigade – es nicht oft vorkommt, dass man sagen kann, dass ein wenig Walisisches die spanische Kultur bereichert! Aber das ständig wachsende und angesehene Kult-Label Veras ist ein ganz neues Phänomen. Neil Morris, ein wandernder Kelte, war so beeindruckt von der Verwendung hochwertiger Materialien, speziell des Leders und Wildleders, dass er beschloss, dass die Produkte dem Rest der Welt präsentiert werden müssen. Mit seiner Mode- und Straßenerfahrung optimierte er die Modelle hier und dort, und Veras war geboren. Das Label verfolgt den Weg, Sneakersohlen mit hochwertigen Aufbauten zusammenzubringen und erfährt damit steigende Beliebtheit ihrer Produkte.

POINTER
DEBASER

Pointer wurde 2004 zu dem Zweck gegründet, einfache und gut designte sportliche Schuhe als Reaktion auf einen Markt zu machen, der mit zunehmend technisierten Sportschuhen und gehypten, limitierten Sneaker-Modellen gesättigt war. Der Name des durch Segelschuhe inspirierten Debaser ist eine Hommage an den gleichnamigen Song von The Pixies. Ich finde, der Schuh ist fast so gut wie der großartige Song.

ICE CREAM
BOARD FLIP II

Berühmter Hip-Hopper arbeitet mit berühmter Sportschuhmarke zusammen … klingt, als könnte das Vorhaben mit Tränen enden. Aber ich freue mich, sagen zu können, dass die Board Flip II-Sneaker von Ice Cream die gegenteilige Wirkung hervorrufen. Offiziell ist der Ice Cream Board Flip II von Reebok das Ergebnis von Reeboks Fachwissen in Produktion und Sport und Ice Creams Designfähigkeiten, dem Street-Style Label des ikonischen Singer-Songwriters, Plattenproduzenten und Modedesigners Pharrell Williams. Das Zusammentreffen dieser kreativen Köpfe endete für beide Seiten sehr erfolgreich.

Diese Schuhe gehören mit ihren durch das Skaten inspirierte klaren Linien eindeutig viel mehr in das Lo-Fi-Lager. Details wie die Sohle im Eiswaffellook sind schöne Extras.

PUMA
ARGENTINA

Diese Wiederauflage eines Klassikers verdient den Eintrag hier wegen seines Kultstatus in den Annalen der Sportschuhgeschichte. 1978 herausgekommen, war er eine Anerkennung der zehn Fußballspieler, die in Puma-Schuhen auf heimischem Rasen die Weltmeisterschaft in Argentinien errangen und ist daher in den Farben der Nationalflagge gehalten. Ebenso wichtig ist, dass er unter den ersten Schuhen war, die die ebenfalls ikonischen Sneaker-Tribe-Pioniere, die Casuals (siehe Seiten 14–19) adoptierten. Der Schuh hat einen festen Platz in der Sneaker-Kultur.

PUMA
ARGENTINA KENNY DALGLISH COLLECTION

Um die Wiederauflage des Argentina kenntlich zu machen, tat sich Puma mit dem britischen Kaufhaus Size? zusammen und brachte eine neue Version zu Ehren von „King Kenny" Dalglish, einem der besten europäischen Fußballspieler der 1970er und 80er, heraus. Die drei Farbmuster standen für die Mannschaften, in denen Kenny gespielt hatte: Rot für Liverpool, Grün für Celtic und Blau für Schottland. Alle Modelle haben Sohlen mit Schottenkaro als Zeichen für Kennys Wurzeln.

PUMA
YO! MTV RAPS

Das 25. Jubiläum von MTV sollte mit einer Kooperation gefeiert werden. Aber was sollte es sein? Nun, das vorausschauende Unternehmen Puma ließ die Moderatoren und Hauptakteure der Fernsehsendung *Yo! MTV Raps* einige klassisches Puma-Designs zu einer limitierten Künstler-Kollektion überarbeiten. Grundlage für die neuen Versionen sind der Puma Clyde und der Suede/States. Puma entwarf vier Stile, zugeschnitten auf die einzelnen Künstler – die legendären Gastgeber der Sendung, Doctor Dre und Ed Lover, außerdem MC Big Daddy Kane, MC Shan und Doug E Fresh. Breiter gestreut sind fünf zusätzliche Puma Suede/States-Farbmuster, die durch die Sendung und die Hip-Hop-Ära inspiriert waren.

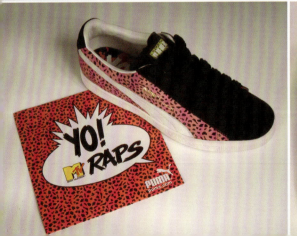

PUMA
MIHARA-YASUHIRO

Sicher nicht zur Lo-Fi-Fraktion gehört der Puma aus der 2000er Mihara-Yasuhiro-Kollektion. Puma wollte seine Sport-/Modervision voranbringen und beauftragte den jungen japanischen Designer, eine Fülle von Einflüssen aus der japanischen Kultur mit innovativem Design in einer neuen Kollektion von Schuhen namens MY zu vereinen, die von 1 bis 27 durchnummeriert waren. Rechts ist der MY-01 Reborn zu sehen.

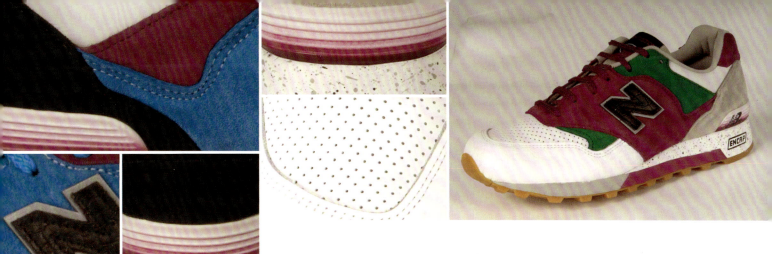

NEW BALANCE
577

In letzter Zeit haben sich Hersteller und Händler für das Überarbeiten klassischer Schuhmodelle zusammengetan. Eine der besten Vereinigungen dabei ist die zwischen New Balance und der Ladenkette Size?. Was dabei herauskam, ist die fantasievollste Umarbeitung aller Zeiten. Angeregt dadurch, dass das Gebäude, in dem die Size?-Designer arbeiten, früher ein Pub gewesen ist, entstanden diese New Balance 577er (hier in zwei Farbmustern) mit dem Gedanken an die altmodischen Spielautomaten – einarmige Banditen, helle, blinkende Lichter und ein Jackpot aus drei Pflaumen, Erdbeeren oder Glocken. Klingt verrückt, aber Junge, das funktioniert! Wundervoll.

ONITSUKA TIGER

MINI COOPER

Und ich hatte gedacht, wie hätten alles gesehen! Aber Onitsuka Tigers Fantasie bringt neue und interessante Kooperationen in Bereichen hervor, die früher einmal weit außerhalb der Reichweite der Marken waren. Dieses Modell wurde speziell für ein Auto entworfen und nach ihm benannt! Genauer gesagt, handelt es sich um den Mini Cooper Clubman. Der Schuh spiegelt Aspekte des Autos wider, zum Beispiel dieselben Farben. Die Metallösen plus der Metalllook der Tigerstreifen stehen für die Chromdetails des Autos. Die Zehenkappe ist ein Echo des Grills des Minis, das Mini-Logo zeigt sich unter der Fersenlasche.

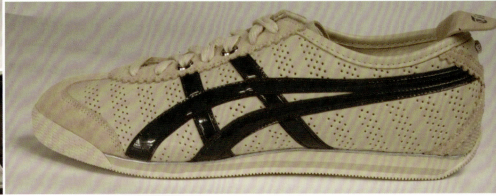

ONITSUKA TIGER
OK BASKETBALL HI

2007 verstarb leider Kihachiro Onitsuka, der Gründer von Onitsuka Tiger und Asics. Wie passend, dass im selben Jahr der Onitsuka OK Basketball Hi (OK steht für die Initialien Onitsuka Kihachiros) neu herauskam – eine Überarbeitung des OK Basketballschuhs, der in den 1950ern entwickelt wurde. Dieser Schuh stammt aus dem Mini Cooper OT gegenüberliegenden Lager. Fest auf der Lo-Fi-Seite verankert, machen die Ästhetik und Charakteristika des schlichten Tennisschuhs ihn zu einem Designklassiker.

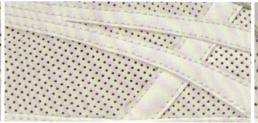

ADIDAS

35. JAHRESTAG DES SUPERSTAR

Was Lo-Fi bedeutet? Der adidas Superstar bringt es auf den Punkt. Dieser Schuh ist tatsächlich seit seiner ersten Vorstellung 1970 in seiner originalen Form herausgebracht worden. Das bedeutet nicht, dass dieser Designklassiker nicht auch herhalten musste für Ausflüge ins Hi-Fi-Lager. Adidas konnte sich von Anfang an nicht zurückhalten, immer mal wieder am Stil zu werkeln und brachte unter anderem einen grandiosen Schuh in Krokodillederimitat heraus. 2005 wollte das Unternehmen den 35. Jahrestag des klassischen Schuhs mit einer Festkollektion feiern, es entstanden verschiedene limitierte Überarbeitungen in fünf „Serien", von denen zwei der „Expression-Serien" vom Graffiti-Künstler Lee Quinones interpretiert wurden, außerdem gab es diese schlichte Adi-Farbvariante.

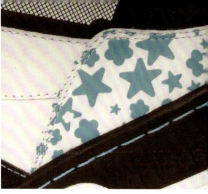

ADIDAS
METRO ATTITUDE HI

Dieser Schuh passt irgendwie in keins unserer Lager, wird hier aber gezeigt, weil er doch so verdammt niedlich ist – gemessen an dem, was alle sagen, die ihn sehen! Der Metro Attitude ist ein 1980er Basketball-Klassiker von adidas, der aufrichtige und loyale Fans besitzt. Hier ist eine verhübschte Version, um dem Original etwas die Kanten zu nehmen. Nur, um einmal zu zeigen, dass nicht alle Überarbeitungen Zauberzeug sein müssen. Es ist erstaunlich, was das Hinzufügen einiger Wattewölkchen und hüpfender Sternchen aus einem Schuh macht. Aber es funktioniert: Der Schuh ist großartig, ebenso das simple Umstyling.

NIKE
AIR FORCE 1
25. JAHRESTAG

2007 konnte der geliebte Air Force 1 sein 25-jähriges Bestehen feiern. Nike ergriff die Gelegenheit und feierte den Meilenstein klassischen Designs mit einer Vielzahl überarbeiteter Versionen des Schuhs, der nach dem Flugzeu[g] des Präsidenten benannt ist. Hier zeigen wir den Air Force 1 Mid SPRM Max Air CD Philadelphia 76ers, herausgebracht als besondere Anerkennung der Verdienste von Basketballlegende „Sir" Charles Wade Barkley. Die Farben repräsentieren die Zeit des „Round Mound of Rebound" bei den 76ers. Ein spezieller Hybrid, zum ersten Mal beim AF1 mit sichtbarer Luft in der Ferse, nimmt Details anderer Nike-Modelle auf – den Riemen und die Zunge des Nike Air Alph[a] Force II, ebenfalls ein Schuh, der für den großen Barkley steh[t] Gegenüber abgebildet ist eine rote Neuinterpretation des AF1, designt vom Sneaker-verrückten Bobbito Garcia, der ihr[?] einen Latino-Anflug verpasste, um seine Herkunft zu feiern.

LO-FI VS HI-FI

NIKE
AIR MAX ID

Gestehen Sie! Ich wette, Sie haben sich irgendwann mit Papier und Filzstift hingesetzt und Ihre eigenen Schuhe entworfen. Die schlauen Leute bei Nike haben uns das mit dem Nike iD-Angebot viel einfacher gemacht. Absolutes Hi-Fi-Lager! Jeder kann die iD-Website besuchen und sich Nikes ganz seinem eigenen Geschmack zusammenstellen. Es gibt eine große Auswahl an Farben und Materialien. Alle diese Merkmale sind hier dargestellt, mit zwei einzigartigen und farbenfrohen Überarbeitungen des klassischen Air Max 1. Das Tollste ist, dass man ihnen einen 8-stelligen Namenszug verpassen kann, damit er nur auf Sie zugeschnitten ist.

VANS
SK8-HI X IRON MAIDEN

Das ist eine alternative und interessante Kooperation, die verdeutlicht, wie die Sneakerwelt ihre Tentakel ausführt und in völlig neue, „ungewöhnliche" Gebiete vordringt wie bei dieser Zusammenarbeit zwischen Vans und der britischen Heavy Metal Band Iron Maiden. Die Band, die riesige Stadien füllt, hat den klassischen Sk8-Hi überarbeitet, indem sie einfach Eddie, den skelettösen Dämon, der auf vielen bemerkenswerten Iron Maiden-Covers zu sehen ist, grafisch aufgetragen haben. Dieses ikonische Kunstwerk von Iron Maidens zweitem Album *Killers* gibt es zusammen mit dem Markenzeichen und auffälligem Namenszug in limitierter Auflage. Ich nehme an, Vans wäre überglücklich, wenn der Schuh sich auch nur annähernd so gut verkauft hätte wie Alben der Band, die die 85 Millionen-Marke überschritten haben.

VANS
AUTHENTIC 'S" ORIGINAL RAD

Die Überarbeitungen der Vans Syndicates, der Vans Authentic und der Wes Humpston gegenüber sind gute Beispiele für „alternative" Kooperationen, die entstanden. Vans geht einen Schritt zurück in der Zeit für diese neueste Zusammenarbeit. Statt mit einem anderen Label zu arbeiten, feiert Vans ein Stück Kulturgeschichte, die zu der Marke gehört. In diesem Fall ist es der BMX-Kultfilm *Rad*. Vans' Verbindung zum Surfen war von Anfang an sehr eng, aber es wird häufig vergessen, dass der BMX-Boom in den 1980ern mehr dazu beigetragen hat, deren Botschaft um den Globus zu verbreiten. Vans brachten ein neues Sortiment ihrer Authentic-Modelle heraus mit denselben karierten Farbmustern wie die Teams in dem Film (Mongoose, Skyway/JMC, SE Racing). In der Schriftart des Filmtitels zieht sich das Wort „Rad" um die Mittelsohle.

VANS
AUTHENTIC 'S' WES HUMPSTON

Bei der Entwicklung des „Syndicate"-Sortiments arbeitete Vans mit den besten Materialien, seinen klassischen Modellen und, am wichtigsten, mit interessanten Menschen. Hier geht Vans mit dem legendären Wes Humpston zurück zu seinen Skateboard-Wurzeln. Als Skaten noch ein wenig bekanntes Nischenhobby war, war Wes der Künstler, der die heute berühmten Dogtown-Skates zeichnete und entwarf. Wes hat in diesem Fall die Grafiken angebracht, die seine Markenzeichen wurden, und blieb dem originalen Authentic-Design treu.

REEBOK
V-PACK

Diese Reebok V-Pack Kollektion gehört definitiv ins Hi-Fi-Lager und ist eine der interessantesten und fantasievollsten Kooperationen auf dem Markt. Auf dem Schild, mit dem sie ausgeliefert wurden, stand: „Reebok verteidigt das Universum mit der Voltron Schuhkollektion". Nicht gerade eine der Puma-typischen Inspirationen, diente hier die Fernsehserie *Voltron* aus den 1980ern als Anregung für das V-Pack, das aus fünf Puma-Modellen bestand. Dem Motto entsprechend wurden die berühmten Modelle Ventilator, ERS Racer, Court Victory Pump, Pump Omni-Lite und Instapump Fury überarbeitet. In jede Schuhsilhouette floss etwas der fünf Zeichentrick-Löwencharaktere ein, die sich gemeinsam zum mächtigen Löwenroboter Voltron zusammenfügen. Die Farben, die Lackleder-Details und die passende V-Pack-Einlegesohle für jeden Schuh sprechen Zeugnis darüber.

ETHLETIC

Unglückseligerweise für jemanden, der Sneaker liebt, habe ich mich immer mehr mit den umwelttechnischen und sozialen Aspekten der Schuhproduktion beschäftigt. Und damit stehe ich nicht alleine da! Ethletic hat diesen klassischen Lo-Fi-Turnschuh als Fairtrade Sneaker, um denen entgegenzukommen, die sich Sorgen über das Schuhwerk machen, das sie tragen. Die Schuhe werden auf einer registrierten Fairtrade-Plantage hergestellt, auf der die Arbeiter sich auf das Prämien-Fairtrade-System von Fair Deal einigten. Auch neu ist der Einsatz von nachhaltigem Latex: Die Schuhe sind offiziell zertifiziert gemäß den Regularien des Forest Stewardship Council, da die Sohlen aus nachhaltig erzeugtem Gummi sind. Und sie sehen auch noch gut aus.

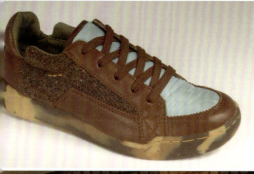

WORN AGAIN
ESCAPE, BICYCLE SHOE UND WOMBLE

Das umweltbewusste Unternehmen Terraplana hat eine spezielle Schuhabteilung gegründet, Worn Again, die sich auf den Recycling-Aspekt der Produktion konzentriert. Jedes Jahr landen in Großbritannien 900.000 Tonnen Textilien auf den Mülldeponien. Worn Again findet, dass das zu schade ist und stellt Schuhe zu 99 % aus Recyclingmaterial her. Dazu gehören der Womble aus Fallschirmseide und Denim, der Escape aus Hosen von Feuerwehrleuten und der Bicycle Shoe aus recycelten Fahrradreifen, -schläuchen und alten Männerhemden sowie ein Schuh zusammen mit der Umweltaktivistengruppe Anti-Apathy. Ein Anteil des Kaufpreises jedes Paars kommt Climate Care zugute als Ausgleich für Kohlenstoffemissionen bei der Herstellung und dem Transport.

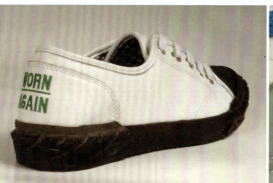

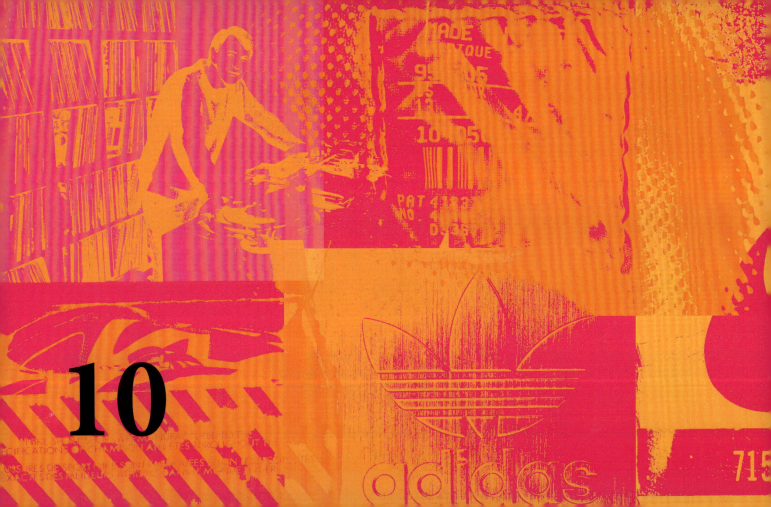

SAMMELN
EINFÜHRUNG

Sneaker werden nicht nur gesammelt, weil sie praktische, ästhetische und angenehme Schuhe sind, sie können auch eine Verknüpfung mit der Vergangenheit sein – häufig erinnern sich Menschen an Ereignisse in Verbindung mit den Sneakern, die sie in dem Moment trugen. Gleichzeitig besitzen viele Menschen eine Vielzahl an Sneakern, halten sich aber selbst nicht für Sammler. Für sie heißt es, ein Paar sehen, mögen und kaufen.

Aus welchen Gründen Sie Ihre Sneaker kaufen – zum Tragen, Lagern und Verkaufen –, es gibt ein paar Grundregeln. Sie sind immer mehr wert in ihrer Originalverpackung, und selbstverständlich ist der Zustand für den Preis ausschlaggebend. Wenn Sie sich mit dem Sammeln beschäftigen, werden Sie auf den Begriff „Deadstock" stoßen. Das sind Sneaker in Kartons, die makellos sind und noch nie getragen wurden. Es lohnt sich immer, nach ihnen Ausschau zu halten. Die Größe wirkt sich auch auf den Wert aus – in Großbritannien sind Schuhe der Größen 41,5 bis 45 (UK 8–11) am beliebtesten, weil sie von vielen getragen werden können.

Eine erste Auflage ist wertvoller. Wenn ein Modell hergestellt und herausgebracht wurde, kann es manchmal später noch einmal herauskommen. Das sind Wiederauflagen und immer etwas weniger wert. Und es gibt Modelle, die sammelnswerter sind als andere. Dabei kommt es allerdings im Laufe der Zeit zu Schwankungen, wenn die Mode und Vorlieben sich verändern. Die vermutlich am stärksten gesammelten Schuhe sind die der Nike Jordan-Serie. Sportschuhe müssen

nicht alt sein, um eine Sammlung wert zu sein – bestimmte Auflagen, limitiert oder „gehypt" sind sofort begehrt. Achten Sie auf Sneaker mit zusammengesetzter Sohle, die in den späten 1970ern und 1980ern üblich waren, da diese Sohlen zerfallen, auch wenn die Schuhe nicht getragen wurden. Wenn möglich, biegen Sie den Schuh. Wenn er schwach ist, wird die Sohle brechen.

Wenn Sie wie ich alle Ihre Sneaker tragen, ist eine Reinigung manchmal nötig. Dafür ist hier eine grundsätzliche Pflegeliste:

1 Sneaker am besten immer mit der Hand reinigen, dafür warmes Wasser und eine Bürste verwenden, um schrumpfen oder Beschädigungen zu vermeiden.
2 Nicht ins direkte Sonnenlicht stellen, damit sie nicht verblassen.
3 Ernsthafte Sammler bringen ihre Schuhe in luftdichten Behältern unter, um den Verfall zu begrenzen.

Beim Sammeln sollte es nicht nur um den Preis gehen. Natürlich werden seltene Schuhe immer gesucht, aber fangen Sie nur an zu sammeln, wenn Sie eine tiefe Liebe für die Sache empfinden. Aber gleich, welches Ihre Gründe sind, hier kommen ein paar Tipps, die Ihnen helfen, den ganz besonderen Schuh zu finden.

NIKE TIPPS Wie alt Nikes sind, verrät Ihnen der Code im Schuh: Die ersten beiden Zahlen des Codes sind das Herstellungsjahr – hier (oben) 1985 und 1988. Das Label (unten) gibt das Jahr mit 1995 an für die Schuhe.

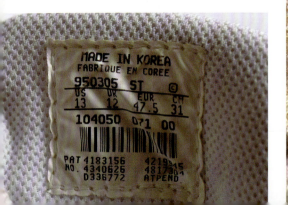

ADIDAS TIPPS Ein Weg, herauszufinden, ob adidas-Schuhe Originale sind (und sammelwürdig), ist die Zunge. Die älteren Modelle wurden oft in Europa hergestellt, schauen Sie nach „Made in" Frankreich, Italien, Westdeutschland, Jugoslawien und Österreich.

WEITERE TIPPS Achten Sie bei älteren Schuhen, besonders mit zusammengesetzter Sohle (oben links), auf Sohlenschäden. Biegen Sie sie, wenn möglich. Sind sie schwach, brechen sie. Neben adidas stellte auch Puma früher in Europa her, so können Original-Pumas identifiziert werden, wie diese aus Italien und Westdeutschland (oben Mitte und rechts).

ZUBEHÖR Der Markt für seltene und Deadstock-Sneaker ist durch Internet-Auktionsseiten wie Ebay gewachsen. Denken Sie daran, dass der Preis dramatisch steigt (und die Authentizität ist leichter zu belegen), wenn der Schuh mit seinen Original-„Extras" daherkommt. Versuchen Sie immer, Zubehör wie Schnürsenkel, Schilder, Einlegesohlen und Booklets aufzubewahren, wie hier dargestellt (links). Versuchen Sie diese in gutem Zustand zu halten, um den Wert zu maximieren.

NIKE TIPPS Die Schuhkartons von Nike helfen bei der zeitlichen Einordnung der Schuhe und Bestätigung der Echtheit. Diese Kartons (links) sind, von oben nach unten, ein Originalkarton aus den 1970ern, den 1980ern und 1990ern.

ADIDAS TIPPS Auch adidas hat, wie Nike, über die Zeit die Kartons verändert. Für Echtheit und Höchstpreis sollte jeder Schuh in seinem Original-Karton liegen. Achten Sie auf das alte Dreiblatt-Logo, die originalen Modellnamen und ältere Markenzeichen auf Kartons.

KARTONS UND VERPACKUNG Sneaker sind sammelnswürdiger und wertvoller, wenn sie in einem so gut wie neuen Zustand sind. Liegen sie in Ihrem Originalkarton, ist die Echtheit eher gesichert und ihr Wert für Sammler steigt. Hier sehen Sie von links nach rechts Beispiele für: einen Puma-Karton älteren Stils, einen extrem seltenen Karton für Nikes Waffelsohlensandalen mit einem Porträt von Bill Bowerman darauf, die originale und höchst ungewöhnliche Plastikbox für den Nike Air Pressure und schließlich einen original P-F Flyers Klappkarton.

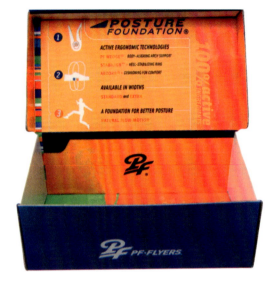

IMPORTEUR
ROBERT WADE SMITH

Robert Wade Smith führte in Liverpool ein wegweisendes Geschäft, das erste seiner Art in England. Vorher, in den späten 1970ern, betreute er 25 adidas Konzessionen im ganzen Land, wodurch er auf die Liebe der Liverpooler für die Marke mit den drei Streifen aufmerksam wurde.

Nachdem Wade Smith das Wachstumspotenzial auf dem Markt erkannt hatte, wollte er in Liverpool eine größere Auswahl anbieten. Das adidas Management teilte seine Überzeugung nicht und erwartete, dass die hohen Verkaufszahlen auf eine vorübergehende Mode zurückzuführen seien. Die Geschichte bestätigt Wade Smiths Instinkte und die massiven Verkäufe in Liverpool bis Weihnachten 1980 weckten in ihm den Wunsch nach einem eigenen Geschäft.

Der ausschlaggebende Punkt war, genug Schuhe zu bekommen – wenn adidas ihn nicht ausrüsten würde, hätte er ein Problem. Wade Smith wandte sich an die oberste Spitze, stellt dem Aufsichtsrat Thomas Black seine Ideen vor und gewann seine Unterstützung. Leider war das adidas U.K. Management darüber nicht erfreut. Er wurde ausgebremst, verlor seinen Job als Betreuer, wurde Vertreter und einige Monate später entlassen. Das war

der Ansporn, den er brauchte. Wade Smith fuhr nach Liverpool, fand einen Laden in einer Seitenstraße, machte ihn zurecht und kaufte Schuhe. Als er am Morgen der großen Eröffnung in seinem Laden ankam, bemerkte er mit Schrecken, dass Diebe 70 Prozent seines gesamten Bestandes geklaut hatten.

Wenn ein Unternehmen gleich am Anfang so startet, kann es eigentlich nur besser werden. Er verkaufte das, was er noch hatte. Ihm fiel auf, dass ständig Fußballfans hereinkamen, die Trimm Trabs trugen. Er fragte sie, wo sie die Schuhe kaufen würden und meist lautete die Antwort Brüssel. Also kauften sie sie auf ihren Streifzügen durch Europa, während sie ihren Mannschaften hinterherreisten.

Unser eifriger Geschäftsmann schloss in der zweiten Woche sein Geschäft und fuhr mit einigen leeren Koffern nach Brüssel, nur um dort nichts zu finden. Er kaufte zwei Paar Pumas (die ihn damals nicht ausstatten wollten), aber was er wirklich wollte, war adidas. Als er die Fähre zurück bestieg, stieß er auf fünf Männer mit Trimm Trabs und Grand Slams an ihren Füßen. Er erklärte, dass er gerade einen Laden eröffnet hatte und bot ihnen an, ihnen alle Sneaker abzukaufen, die sie auf ihren Reisen gekauft hatten. Endlich hatte er Glück.

Auf dem Nachhauseweg zeigten sie ihm ihre Beute – Trimm Trabs in verschiedenen Farben, die Modelle München und Grand Slam. Er wiederholte sein Kaufangebot und am nächsten Tag warteten die Männer schon vor Ladenöffnung auf ihn, um sie ihm zu verkaufen. Wade Smith kaufte 25 Paare und hatte am Ende des Tages bis auf zwei Paare alle verkauft. Dies war der berückendste Moment in der Geschichte des Ladens und tatsächlich der Beginn einer neuen Ära.

Auf seinem Erfolg aufbauend, mietete Wade Smith einen Lieferwagen und vereinbarte mit seiner Bank, seinen Überziehungskredit bis auf den letzten Penny auszureizen. Er fuhr nach London, holte den Betrag als Bargeld ab und machte sich zu einer spannungsgeladenen Reise nach Aachen auf. Dort wollte er so viele Schuhe wie möglich vom örtlichen Haupthändler kaufen. Sein Geld reichte für 475 Paare und als der Händler ihm sagte, er solle am nächsten Tag mit einem Wechsel zurückkommen, sagte Wace Smith ihm, er würde jetzt zahlen und bar. Verblüfft gab ihm der Händler daraufhin weitere fünf Prozent Nachlass (nie zuvor hatte er ein so großes Barzahlungsangebot für so viele Schuhe an einem Tag erhalten).

Nach einigen ähnlichen Reisen durch Deutschland in den folgenden sieben Wochen war er auf dem Weg, den unstillbaren Appetit der Liverpooler auf seltene Sneakerimporte bedienen zu können. Schon bald importierte er Schuhe aus Österreich, Deutschland, Frankreich und Irland. Zwar ist es fast unmöglich, den Aufruhr zu wiederholen, den er vor vielen Jahren in Liverpool verursachte, dennoch brachte sein Ruf immer noch darauf, seltene Produkte zu verkaufen. Seine revolutionäre Haltung brachte Wade Smith eine Fangemeinde in Liverpool ein, die auch heute noch fest zu ihm steht.

SAMMELN 457

DIE NÄCHSTE GENERATION
EINFÜHRUNG

Bei Sneakern ist es wie jeder Mode – was in ist oder nicht, ändert sich ständig. Neue Technologien kommen und wühlen den Markt auf. Die Masse verlangt lautstark nach mehr – und öfter. Aber selbst die ausgebufftesten Experten der Szene waren vermutlich nicht auf das exponentielle Wachstum des Marktes vorbereitet, sowohl finanziell also auch in puncto Besessenheit und Kultur. Gerade, wenn wir glauben, wir hätten alles gesehen – zack, gibt es eine neue Wende und der Markt wächst und wächst und wächst. Hier kommt ein Aufsatzthema für Sie: Verhält es sich so, dass in den letzten fünf Jahren die wichtigsten Veränderungen stattgefunden haben, die die „Szene" je erlebt hat? Das ist eine knappe Sache, aber für diesen Autor ist es so.

Vier Punkte können immer wieder aufgezählt werden, um die wichtigsten Veränderungen in der Sneakerwelt der letzten zehn Jahre zu benennen:

WIEDERVERKAUF
HYPE
TECHNOLOGIE
KANYE WEST

Zwar gab es diese Ebenen alle vorher schon, aber sie hatten nicht die Bedeutung wie heute. Der Wiederverkaufsmarkt und die limitierten Auflagen sind auf fast dieselbe Größe angewachsen wie die „traditionelle" Sneakerindustrie. Der Hype ist Teil davon

und, ob es Ihnen gefällt oder nicht, die Prominentenwerbung und Schachzüge des Kanye West sind eine eigene weltweite Geschichte.

Aber ich bin froh, sagen zu können, dass die Sneakerwelt nicht völlig vereinheitlicht ist (aber die Richtung dahin einschlägt). Noch gibt es große Szenen weltweit: Denken Sie an Basketball, Hype Heads, Fußball Casuals, Skater, die Modischen, die Anti-Modischen – für alle sind Schuhe ein Weg, auszudrücken, wer sie sind. Das wird sich auch so bald nicht ändern.

ADIDAS
YEEZY BOOST 350 V1 & V2

Der Yeezy Boost hat zu 100 % eine ganze Dekade Sneaker geprägt. Als ihr Designer Kanye West Nike 2013 verließ, um zu adidas zu wechseln, erschütterte dieser Zug die Sneakerwelt bis ins Mark. Kanye begründete den Wechsel mit künstlerischer Freiheit und Rückhalt als Hauptantrieb. Bei den drei Streifen konnte er seine eigene Untermarke bedienen, was ihm absolute Kontrolle darüber gab, wie die neuen Yeezy Sneaker aussehen würden. Der 350 war zwar nicht Kanyes erster adidas, aber er war derjenige, der ihn an die Spitze katapultierte. Sowohl das erste Farbmuster mit dem Spitznamen „Turteltaube" als auch sein etwas verändertes Modell V2 waren schnell ausverkauft und gehörten zu den begehrtesten Sneakern mit entsprechend horrenden Preisschildern.

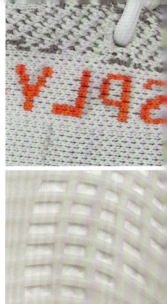

ADIDAS ULTRA BOOST V1 (2015)

Als der Ultra Boost 2015 herauskam, lag adidas in Umsatz und Hype hinter seinem Erzrivalen zurück. Damals wurde auf Klassiker wie Stan Smith und Superstar gesetzt. Adidas brauchte etwas hier und jetzt und für die Zukunft: Der Ultra Boost war dieser Schuh. Für ihn kombinierte adidas seine drei größten eigenen Technologien: Boost, Primeknit und Torsion in einem Modell. Als der Top-Influencer Kanye den Schuh herausbrachte, brachte er damit die deutsche Marke wieder ins Rennen.

BALENCIAGA TRIPLE S

Helena von Troja ließ tausend Schiffe in See stechen, der Triple S setzte tausend Nachmacher in Gang. Der Schuh, der synonym für den gerade aufblühenden Markt für Luxus-Sneaker steht, kann für sich ein bahnbrechendes Design in Anspruch nehmen. Ob man ihn liebt oder hasst, die Auswirkungen dieses Schuhs auf Größe, Form und Silhouette dessen, was Menschen an den Füßen tragen, lassen sich nicht ignorieren. Das „S" in Triple S steht für Sohle, denn ja, dieser Schuh hat drei davon. Es sind Formen von Basketball-, Lauf- und Sprintschuhen, aufeinandergestapelt zur 6,5 cm hohen Plattform, die dem Schuh den einzigartigen Look und seinen Namen gibt.

VEJA V10

Das ist einer der Impulsgeber, die ich am allerliebsten vorstelle. Einige von uns, die seit Langem eine tiefe Liebe zu unseren Schuhen hegen, wenn auch mit schlechtem Gewissen, haben nun eine Marke, die uns aus dem moralischen Dilemma befreit. Die Schuhe sehen gut aus und sind mit sozialem Bewusstsein hergestellt. Keine Ausbeutungsbetriebe, nur nachhaltige Produkte, faire Bezahlung – alles bedacht. Der Hinweis steckt im Namen: *Veja* ist brasilianisch-portugiesisch für schau hin – wie in: Schau hinter den Schuh, wie und wo er hergestellt wurde. Heute sieht man sie wie den hübschen V10 in fast allen Städten, geadelt unter anderem durch blaublütige Füße. Und Profit bringen die Schuhe auch ein. Bravo!

COMMON PROJECTS  ACHILLES LOW

Sicher ist Ihnen aufgefallen, dass weiße Schuhe häufig goldene Buchstaben an der Ferse haben? Meist gut kopiert, ist das Original jedoch das dezente Branding (mit Angaben von Größe, Stil und Farbe jedes Schuhs) eines Designs, das ebenso ikonisch wie der Swoosh oder die drei Streifen sind. Dies ist Achilles Low, den Designerhirnen von Peter Poopat und Flavio Girolami entsprungen. Sie arbeiten an mehreren „gemeinsamen Projekten" – eins war die Produktion eines Sneakers mit hochwertigen Prozessen und höchster Qualität. Sie verwenden beste Materialien und ließen die Schuhe von Hand in einer kleinen italienischen Schuhfabrik herstellen. Ohne Fanfarenklängen und Hype hat der Schuhe eine Marke gesetzt.

DER „DAD-SCHUH"
(NEW BALANCE 990 & 997
– NIKE AIR MONARCH ET AL)

Modebewegungen werden seit Langem durch Momente der Anerkennung gelenkt. Das Phänomen des „Dad-Schuhs" gehört sicherlich in diese Kategorie. Auf einmal tragen junge, modische Menschen Schuhe, die man bisher bei 40-plus-Papas bei Grillpartys gesehen hat – das ist gewöhnungsbedürftig. Angeführt von New Balance und unbeabsichtigt durch den versehentlichen Stil-Guru Steve Jobs, ist diese Anerkennung etwas, das ich wirklich respektiere. In der Mode geht es um Führung, nicht ums Folgen, und der anti-modische Dad-Schuh-Trend ist für mich das perfekte Beispiel dafür.

NIKE AIR YEEZY II

Der Yeezy I war nichts weniger als Nike erster Signature-Sneaker ohne Sportfunktion! Jahre später scheint dieser Coup quasi selbstverständlich, aber 2009 war dies ein sehr großer Schritt für Nike. Der Hype, die Aufmerksamkeit und der Glamour, die Kanye Wests Mitarbeit auslöste, ließ Sneaker Ebenen erklimmen, auf denen sie vorher nicht gewesen waren. Der Yeezy I war beliebt und schlug Wellen, aber der II hob das Interesse deutlich und erheblich an. Als Nike überraschenderweise den Air Yeezy II im „Roten Oktober" 2014 auf den Markt brachte, nachdem Kanye bereits seinen Wechsel zu adidas verkündet hatte, war der Schuh innerhalb von Minuten ausverkauft. Dies war ein bedeutender Moment für die Sneakerkultur, nachdem Outlets überall auf der Welt die Untergrundwelt des Sneaker-Wiederverkaufs zu entdecken begannen.

NIKE AIR MAX
97/1 X SEAN WOTHERSPOON

Diese beiden Ikonen gelten als die bei Weitem besten der 11 Überarbeitungen der „RevolutionAirs", mit denen Sean Wotherspoon, Mitinhaber der Round Two-Geschäfte, ein Sneakerfan höchsten Ranges wurde. Man nehme die Sohle des Air Max 1 und füge das Obermaterial des Air Max 9 hinzu. Werfen Sie noch etwas Cord einer Vintage-Cap mit anderen genialen Farbkombinationen hinzu und Sie erhalten einen Schuh mit einem hohen Wiederverkaufswert, gestützt dadurch, dass diese beiden nie wieder zusammenarbeiten werden.

NIKE FLYKNIT RACER

Unter all diesen bahnbrechenden Schuhen in diesem Kapitel ist der Flyknit Racer vielleicht der wichtigste, zumindest was Technologie und ästhetischen Effekt auf alle ihm nachfolgenden Sneaker betrifft. Er ist in der Tat so wichtig, dass ein großer Anteil heute produzierter Sneaker mehr wie der Flyknit aussehen wie nach allen Modellen, die vor ihm kamen. Genauer gesagt, sprechen wir hier über die Einführung des gestrickten Obermaterials in einem Teil, das nicht nur das Gewicht verringert, sondern auch Abfall und den Sneakern einen völlig neuen Look und neues Tragegefühl verleiht. Wahrhaft bahnbrechend!

NIKE MAG

Der Mag oder Magnetic Air Gravity war umgesetzte Fantasie. Die meisten kennen den Film *Zurück in die Zukunft II* und wenn Sie ein Sneakerfan sind, haben die selbstschließenden Sneaker auf Sie den größten Eindruck gemacht. Schuhe, die sich automatisch beim Anziehen schließen. Was für eine Vorstellung! Wie cool. So wie der Rest der Bevölkerung vergaß Nike das nicht und ließ in seinem Bestreben nicht nach. Nur 1500 Paare wurden jemals hergestellt, die alle bei einer Auktion verkauft wurden. Ein Teil des Erlöses ging an die Stiftung von Michael J. Fox. Einige Jahre später wurden noch einmal 88 Paare angefertigt und die Selbstverschnürung war wieder ein Thema.

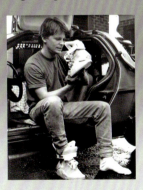

NIKE

LEBRON 8 SOUTH BEACH

Dem Basketballstar LeBron James sind Kontroversen nicht fremd: Die einen lieben ihn, die anderen hassen ihn. Als der Spieler live ankündigte, seine langjährige Mannschaft, die Cavaliers, zu verlassen, um zu Miami Heat zu wechseln, war die Reaktion ein allmächtiger Aufschrei. Aber es entstand auch ein Hype, und zwar so durchschlagend, dass ich den Ausdruck „Pre Heat" prägte, um eine limitierte Auflage eines Signature-Schuhs zu beschreiben. Der Schuh sollte eine Ehrenbezeugung an seine neue Stadt sein – mit den Farben des Miami Beach wie knisternd heißes Pink an der Spitze.

OFF WHITE X NIKE AIR
JORDAN 1 (THE TEN)

Erinnern Sie sich an die gute alte Zeit, um die frühen 1970er herum, als Sneaker zum ersten Mal breite Anerkennung als Streetwear fanden, als man sein Paar personalisieren konnte: Man schrieb mit dem Filzstift etwas darauf, später sogar ein bisschen Farbe oder man zog Ketten statt Schnürsenkel durch die Ösen. Das von Virgil Abloh geführte Unternehmen Off White brachte die Printversion von „The Ten" mit einer Verbeugung vor diesen Verrücktheiten der Vergangenheit heraus und machte daraus Luxus auf Designerlevel. In der bisher größten Sneaker-Kooperation wurden die Ten-Modelle neu erschaffen und dekonstruiert, aber der „Chicago" Air Jordan 1 galt als Krönung des Ganzen.

SALOMON

(VERSCHIEDENE) INC S-LAB XT-6 SOFTGROUND & BLACK EDITIONS

Mode erfindet sich immer wieder neu. Diejenigen, die sich intensiv mit Stil beschäftigen, möchten immer weiterziehen, wenn sich etwas zu offensichtlich oder zu verbreitet ist. Behalten Sie diesen Gedanken im Hinterkopf, dann kennen Sie den Grund, warum Sie vielleicht immer mehr hübsche junge Menschen oder Menschen direkt am Catwalk mit immer obskurerem, hochtechnisiertem Schuhwerk entdecken. Häufig sind das hyperfunktionelle Modelle wie der Salomon. Möge es lange so weitergehen!

THE FUGLY PHENOMENON
– FILA DISRUPTOR UND SKECHERS AFTERBURN

Wir alle haben sie gesehen und haben ihnen nachgesehen. Wurden wir etwa in die 1990er zurückgebeamt, in die Ära der Spice Girls? Vielleicht ein bisschen. Ein weiteres Beispiel dafür, dass die Mode eine komplette Kehrtwende machen kann, ist diese Wiederauflage von Schuhen, die als „potthässlich" in die Geschichte eingegangen ist. Ballonsilhouetten, oversized und mit fetten Sohlen, häufig durchbrochen, meist an den Füßen von scharfzüngigen Mädchen im Einsatz. Girl Power is back!

QUELLEN & SITES

WEBSITES

Unabhängige Sites – Informationen, Chat und Verkauf
80scasualclassics.co.uk
blessthisstuff.com/stuff/wear/
contentstorelondon.com/collections/
   trainers
highsnobiety.com
hypebeast.com
karenmasonstylist.co.uk
oipolloi.com/shop/footwear
sneakernews.com
todayshype.com

Offizielle Markensites
adidas.com
asics.com
bata.com
buddyhappy.com
converse.com
dcshoes-uk.co.uk
diadora.com/en/
dunlop.com
etnies.com
fila.com
gola.co.uk
kswiss.com
newbalance.com
nike.com
pointerfootwear.com
pony.com
prokeds.com
puma.com
reebok.com
saucony.com
tsubo.com
vans.com
verashoes.com
youmustcreate.com

Shoppingsites
eBay.co.uk
footlocker.eu
jdsports.co.uk
meteorsports.com
modells.com
office.co.uk/trainers
offspring.co.uk
size.co.uk
sneakerhead.com
sneakersnstuff.com
soleheaven.com
soletrader.co.uk
sportiela.com
ubiqlife.com
undefeated.com

INDEX

adidas 88–147, 204, 254, 322, 326, 329, 452, 454
   Adicolor H 92–93
   Adistar 16
   All Black 94
   Arthur Ashe 95
   Badminton Super 96
   Bamba 15, 97
   Barcelona 98
   Boston 19, 99
   California 100
   Campus 101
   Centaur 102
   City Serie 15, 16, 17, 98–100, 105, 145
   Columbia 17, 334, 336–337
   Concord 103
   Country 104
   Cross Country Ski 370
   Dallas 17
   Dragon 14
   Dublin 19, 105
   Forest Hills 16, 106, 145
   Forum 107
   Freizeit Serie 109, 113, 116, 119, 126
   Galaxy 17, 19
   Gazelle 108
   Granada 109
   Grand Prix 16
   Grand Slam 16
   Handball Spezial 110, 131
   Harvard 17
   Indoor Match 111
   Instinct Hi 112
   Is Molas 16
   Jabbar 81
   Jeans 16, 17, 113, 145
   Jogger 16
   Kegler 114–115, 145
   Kicks 15
   Korsica 16
   Malaga 116
   Mamba 15
   Marathon 16
   Metro 117, 437
   Mexicana 118
   Miami 119
   Micropacer 35, 62–63, 145
   Montreal 120
   New York 17
   OG 22
   Olga Korbut 121
   Oregon 16
   Palermo 16
   Pro Conference 122
   Pro Model 53, 123
   Pure Boost Reveal 124
   Race Walk 125
   Reno 126
   Rod Laver 127
   Rom 128
   Samba 15, 34, 44–45
   SL 129, 130
   Stan Smith 34, 35, 54–55, 80, 338–339
   Superstar 34, 52–53, 436
   Tenerife 16
   Top Ten Lo 132
   Touring Spezial 133
   Trimm Master 134
   Trimm Trab 12, 15, 16, 35, 135
   TRX 15, 76, 136
   TS Runner 334–335
   Tubular 371
   Twister 137
   Ultra Boost V1 463
   Vienna 138
   Waterproof 17
   Wimbledon 16
   Yeezy Boost 350 V1 & V2 462
   ZX series 8, 17, 35, 139–143, 145, 147
Afrika Bambaataa 21
Air-Tech 388
Airwalk 29, 30
Alife 389
A.P.C. 348
Asics 49, 254, 256–258
ASPCA 359

Bape Sta 390–391
Balenciaga Triple S 464
Bata 86, 250, 262–263
Benetton 18
Blank Canvas 338–339
Blue Ribbon Sports 49, 56, 86, 148, 257
Bodega 338
British Knights 29, 87, 239, 368, 372
Brooks 87
Buddy 392–393

Chanel 323, 325
Chocolate 333
Common Projects Achilles Low 465
Converse 28–29, 76, 86, 87, 236, 254, 264–273, 325
   All Star/Chuck Taylor 9, 13, 28, 37, 40–41, 80, 254, 264, 265, 266–267, 326, 421
   Auckland Racer 268
   Black Sabbath 340–341
   CT back zip 394
   Jack Purcell 27, 254, 264, 265, 269, 300, 329
   One Star 270
   Pro Leather 271
   Weapon 272, 273
Crooked Tongues 355

Dad-Schuhe 466
DC 28, 30
Diadora 15, 78, 86, 274–277
   Borg Elite 16, 19, 274, 275
DKNY 323, 325
Donnay 16
Duffer of St George 386, 395
Duffs 30
Dukes 30
Dunlop 35, 37, 86, 236, 278–281
   Easy Green 280–281
   Green Flash 34, 42–43, 278, 396
   Navy Flash 397

Ellesse 18
Ethletic 446
Etnies 30

Fila 18, 86, 254, 274, 473
Firmament 338
Footpatrol 338
Foster's 34, 36–37
Fox Brothers 346
Fred Perry 43, 278, 342, 398–399

Gola 14, 86
Gonzales 29
Goodyear 35, 38, 304

Hanon 338
HTM 332–333, 353–354

Karhu 86
Kasabian 421
Keds 27, 34, 38–39, 79, 236, 304
Kerso 15
Kicks 79

L.A. Gear 83, 87, 239, 368, 373
Lacoste 18
Le Coq Sportif 282–287

Mastermind 338
Maximum Volume 67
Mita 358
Neighbourhood 338

New Balance 17, 34, 46–47, 254, 288–299, 300, 304, 433
Nike 17, 49, 78, 86, 87, 148–203, 250, 254, 257
   270 168
   ACG Serie 170–171, 190, 377
   Air 180 152
   Air Bound 153
   Air Burst 168
   Air Flight Lite 154
   Air Flyknit Racer 468
   Air Footscape 155
   Air Force 1 156–157, 250, 332, 354

Air Jordan 29, 35, 64–65, 82–83, 150, 158–167, 203, 438–439, 450
Air Mag 469
Air Magma 168–169, 344–348
Air Max 19, 35, 66–67, 72–73, 168–169, 239, 344–345, 347, 400–401, 440, 468
Air Maxim 1 348
Air Moccasin/Air Moc 170
Air Mowabb 171
Air Pressure 71, 374–375, 455
Air Presto 172–173
Air Raid 174, 175, 368, 376
Air Rift 176
Air Safari 177
Air Stab 178
Air Superdome 377
Air Tech Challenge/Agassi 83, 179
Air Yeezy II 467
Air Woven 35, 74–75, 353
Aqua Sock 180
Blazer 28, 181, 182, 200–201, 203, 350–351
Boston 49, 149
Bruin 17, 182, 201, 203
Chicago 65
Cortez 35, 49, 56–57, 77, 150, 183, 201
Delegate 184
Dunk 12, 78, 185, 333, 352
Fatz 186
Free 187
Free OG SP 187
Hawaii 35
Huarache 171, 188

Internationalist 17, 19, 189
Intrepid 17
Lava Dome 190
LeBron & South Beach 470
Marathon 49, 149
Mayfly 402–403
Omega Serie 191, 203
Outbreak 378
Rift 203
Road Runner 192
Scout 193
Tailwind 67
Terminator 404–405
Terra T-C 194
Undercover GYAKUSOU 34, 349
Valkyrie 195
Vandal 78, 196–197
Waffle 198, 455
Wimbledon 17, 19, 35, 199, 202
Yankee 17

Off White X Nike Air Jordan 1 471
Oi Polloi 338, 343
Onitsuka Tiger 78, 86, 148, 176, 256–261, 420
Corsair 34, 48–49, 56, 149
Cortez 49, 56, 183
Marup Nylon 259
Mexico 260
Mini Cooper 434
Nipon 261
OK Basketball Hi 435
Opening Ceremony 338

P-F Flyers 300–303, 455
Packer Shoes 356
Palace Skateboards 357
Patrick 16
Pointer 425
Pony 29, 406
Prada 324, 326, 329
Pro-Keds 304–305, 407
Puma 23, 29, 44, 81, 86, 87, 88–89, 90, 204–235, 322, 453, 455
Argentina 16, 428–429
Basket 208–209
Beast 379
Boris Becker Ace 210
Campus Hi 211
Clyde 51, 81, 205, 212
Cross Ski 213
Easy Rider 214
First Court Super 215
G.S. Vilas 16, 216
GV Special Exotic 216
Jams 217
Jetter 218
Jopper 219
Leather Disc Cage Lux 220–221
Mihara-Yasuhiro 432
MMQ Sortiment 220, 232–233
Pelé 222–223
Pink Panther 380
Race Cat Hi/Sparco 224
Ralph Sampson Hi 225
Roma 226
Schallen Boxing 227
Sky 228, 250
SL 218
Special 229

Sprint 19
Stepper MMQ 232–233
Suede/State 19, 34, 35, 50–51, 81, 205, 230–231, 408–409
Suede Crafted 234
Suede Olympic 410–412
Super Atom 205
Super Basket 208
Top Fit 205
Trinomic 220, 381
Turnschuhe 421–423
Wimbledon 17, 235
Yo! MTV Raps 430–431

Reebok 17, 37, 86, 87, 236–247, 254, 420
bb 500 242
Classic Leather 35, 68–69, 239, 355, 358
Classic Nylon 242
Conquest 243
Ex-o-Fit 243
Fell Racer 244
Fell Runner 244
Freestyle 35, 60–61, 238, 245
Fury 71
Ice Cream Board Flip II 426–427
Instapump 19, 35, 70–71, 356
Instapump Fury 239
NPC/Newport Classic 246
Pump 239
Pump Court Victory 239, 247
S. Carter Collection 412
Tennis Classic 19
V-Pack 444–445
Workout 243, 357
Roundel 347

Run-DMC 24–25, 53, 76
Salomon 472
Saucony 306–307
Sergio Tacchini 18
Shogo Kubo 31
Silas 333, 364
Simple 30
Skechers Afterburn 473
Sperry 27, 79
Spring Court 9
Stash 356
Stüssy 333, 350–352, 407
Tretorn Gullwing 413
Troop 29, 382

Vans 26, 27–29, 77, 308–315, 415
Authentic 59, 310, 359–360, 442, 443
Camp Snoopy 362
Era 35, 58–59, 311, 362, 415
Motörhead 414
Skate/SK8 Hi 312, 359, 361, 364, 415, 431
Slayer 414
Slip-On 313, 363, 415
Snoopy 333, 365
Strap 314–315
Veras 424
Veja V10 465
Vision 29, 316–319, 383
VisVim 386, 416

Worn Again 447

YMC 417, 423

INDEX 477

MITWIRKENDE

Die weitaus meisten Schuhe, die hier abgebildet sind, stammen von einer ausgewählten Gruppe Sammler, von denen die meisten unten genannt werden. Diese Schuhe sind extrem selten und wertvoll und wir bedanken uns sehr, dass wir sie verwenden durften. Ein großer Dank geht außerdem an alle, die mit Texten, Fotos, Fachwissen und Zeit etwas zu diesem Projekt beigesteuert haben.

Charlie Ahearn ist Autor und Regisseur des 1983er Hip-Hop-Films *Wild Style*, der als DVD erhältlich ist. Eine Kooperation in jüngerer Zeit mit Jim Fricke von EMP ergab *Yes, Yes, Y'all*, die erzählte Geschichte der ersten zehn Jahre des Hip-Hops mit Fotos von Ahearn, die er noch vor *Wild Style* aufnahm. Weitere Informationen unter wildstylethemovie.com.

John Connolly wuchs in Liverpool auf, wo er heute noch lebt. Seine Leidenschaft für adidas entstand, als er 1979 ein Paar adidas TRX kaufte. John klappert noch immer europäische Großstädte auf der Suche nach adidas ab, begrüßt aber die Einführung des Internets (speziell Ebay), wie die „amerikanischen Ureinwohner die Einführung von Pferden zur Büffeljagd".

Bobbito Garcia ist der wahrscheinlich berühmteste Sneakersammler der Welt. Sein 2003 erschienenes Buch *Where'd You Get Those?*, kam in einer Jubiläumsausgabe zum 10. Jahrestag 2013 neu heraus. Bobbitos neueste Kreation ist der Nike Air Force 1 High, der seine Dokumentation *Doin' It In The Park* feiert, seine Liebeserklärung an den Basketball. Er ist Gründer von Magazinen und Musiklabels, seine Stimme ist in Werbefilmen und Videospielen zu hören. Und er ist ein Weltklasse-DJ, der unter dem Namen Kool Bob Love bekannt ist.

Aaron Hawkins, Geschäftsinhaber, Produktdesigner und mehr, lebt in Charlottesville, VA.

Fraser Moss ist heute vor allem als Mitgründer der Modemarke YMC (You Must Create) bekannt. Seine ersten Erfahrungen machte er allerdings als einer der Pioniere im „Old Skool" Sneaker-Sourcing in den frühen 1990ern mit seinem „Professor Head"-Team von Deadstock-Jägern.

Marcus Agerman Ross ist in Bristol zur Schule gegangen und auf Hauspartys geschlichen, wo ihm Hip-Hop und frühe House Musik am besten gefielen, die The Wild Bunch und DJ Kells spielten. Nach dieser Einführung in die Musik und den Stil der 1980er folgte ein Sabbatjahr an einem Kunst-College. Er wurde Moderedakteur beim *i-D Magazin* und Modedirektor für Europa beim *VICE-Magazin*. Heute ist er Gründer und Chefredakteur des Magazins *Jocks&Nerds*.

Shaun Smith hat bereits am Buch *Sneakers: Size Isn't Everything*

BILDNACHWEISE

mitgearbeitet, er schrieb über den Einfluss von adidas auf die englischen Fußball-Casuals. Es gibt nichts, was dieser Mann nicht über Sneaker weiß.

Helen Sweeney-Dougan hat ihre Heimat Glasglow sehr früh verlassen, um sich auf die Suche nach Soulmusik und Sneakern zu begeben. Sie war die Globale Musikdirektorin von Puma und war seitdem für viele Top-Marken und für ihre Kindheitshelden Run-DMC als Beraterin tätig. Sie ist eine wahre Sneaker-Enthusiastin und führende Expertin für Subkulturen und lebt heute in London, wo sich ihr ganzes Leben um Schuhe dreht. Helen hat ihr eigenes Sneakerberatungskollektiv zusammengestellt und viele der Stars rekrutiert, die dieses Buch zu dem machen, was es ist.

Danke an *Size? Newspaper Issue 1* für die Information über die Puma Argentina Kenny Dalglish Kollektion, hier auf Seite 429.

Die Herausgeber danken den folgenden Quellen für die freundliche Erlaubnis, ihre Bilder in diesem Buch reproduzieren zu dürfen: Seiten 12/13 Jamal Shabazz aus *Back in the Days* von Jamal Shabazz, Powerhouse Books; Seiten 16/18 David Corio; Seiten 20/21/22/23 Charlie Ahearn aus *Yes Yes Y'all* DaCapo Press; Seite 24 Michael Ochs Archive/Getty Images; Seiten 26/31 Glen E. Friedman aus *Fuck You Heroes*, Burning Flags Press; Seite 76r Moviestore/Shutterstock; Seite 77l Shutterstock; Seite 77r Universal/Kobal/Shutterstock; Seite 78l Golden Harvest/Paragon/Kobal/Shutterstock; Seite 78r Universal/Kobal/Shutterstock; Seite 79ol Godlis; Seite 79r J. Vespa/Wireimage/Getty Images; Seite 79u Urban Image; Seite 82l & 82m Bettmann/Getty Images; 82r PCN Photography/Alamy; Seite 88 PA Images/Alamy; Seite 202 Timepix; Seite 278 Advertising Archives;Seite 421m Jo Hale/Getty Images; Seite 421r Getty Images; Seite 427l Startraks/Shutterstock; Seite 446l (ethletic.com); Seite 460 DedMityay/Alamy; Seite 461r Worapol Kengkittipat/Shutterstock; Seite 462om & 462ur Duerr/Shutterstock; 462um DedMityay/Alamy; Seite 463l SB_photos/Shutterstock, 463r Pablo Cuadra/Getty Images; Seite 464l Dmitriy Kudryavtsev/Shutterstock; 464r Jeremy Moeller/Getty Images; Seite 465or Chera94/Shutterstock; 465ul Matthew Sperzel/Getty Images; Seite 466m Andreas Rentz/Getty Images; 466or chang/Getty Images; Seite 470 Alexander Tamargo/Getty Images; Seite 472 Bogdan Ionescu/Shutterstock; Seite 473r 2p2play/Shutterstock. Dank auch an Vans, Vision, Dunlop, New Balance, P-F Flyers, Converse, Nike, adidas, Fila, Onitsuka, Puma, Reebok, DC Shoes, Tsubo, Pro-Keds, Diadora und Skechers für die Bereitstellung von Archivmaterial.

DANKSAGUNG

Das klingt jetzt leider wie bei der Oscar-Verleihung, aber es ist sehr wichtig, denen zu danken, die an diesem so großen Projekt mitgewirkt haben. Ich möchte einigen Menschen danken, ohne die das Buch nicht möglich gewesen wäre:

Zuerst und zuvorderst geht mein Dank an Helen Sweeney-Dougan, die nicht nur ihre Sammlung für Fotos zur Verfügung gestellt hat, sonders mit Rat, Kontakten, Energie, Hingabe und Elan geholfen hat.

Großer Dank geht an die Sammler Jeremy Howlett und Robert Brooks, deren seltene Schuhe wir fotografieren durften. Außerdem danke ich dem Fotograf David Gill (Gilly), der weit über seinen Auftrag hinaus seine künstlerische Erfahrung, sein Engagement und extremes Arbeitspensum beigesteuert hat.

Vielen Dank an Shaun Smith und John Connolly für ihren exzellenten Blickwinkel auf die Casual-Kultur in Großbritannien, die von der Presse sehr vernachlässigt wird. Und für ihre wertvollen Kontakte, darunter zum legendären Mr. Robert Wade Smith.

Danke, Marcus „The Gent" Ross, für seinen fantastischen Input bei Modethemen und an Charlie Ahearn, Aaron Hawkins und Glen E. Friedman für Ihren Input über die „Tribal"-Kultur unserer Freunde jenseits des großen Teichs.

Vielen Dank den bekannten „Sneakerfans" Robert Wade Smith und Bobbito Garcia, dass sie ihr Wissen und ihre Geschichten mit uns geteilt haben.

Mein Dank an meine guten Freunde, die einen bedeutenden Anteil haben – mein Waliser Landsmann Fraser „Newport" Moss, mein amerikanischer „Sneakerfan"-Kumpel Chris Hall. Aufrichtigen Dank an Kevin „South London" Hurry und Remi „Talk a Lot" Kebaka – viele ihrer Schuhe sind in diesem Buch zu sehen.

Vielen Dank an Johan Wirfält für sein Wissen und an seine Mit-skandinavischen Mikeadelica, Peter, Erik und Carmillla. Liebe und Dank an Misas Tomo Robertson für ihr Wissen und ihre Hilfe. Und vielen Dank an Kerso für seine Hilfe und Zeit und die Verwendung seines „Fahndungsfotos". Ich danke Masahiro Minai, unserer japanischen Sammel-„Nuss", dem „verrrrückten" DJ Cam und Brian Whalen für ihre Zeit und Mühen.

Danke an Chris Deeks für seinen Jabbar und andere Babys, Crusty für seine „Monster". Für die fotografischen Beiträge danke an David N. McIntyre für sein RWS-Porträt und Mark McNulty für seine Aufnahme von Graham Kerso Kerr.

Schließlich danke ich Welbeck dafür, dass Buch überhaupt machen zu dürfen und für das Festhalten am Design. Vielen Dank auch an: Gary „The Gent" Aspden und Ashleigh bei adidas, Josh „Share the love" Toussaint bei Exposure, Laura S bei Puma, Ben „London Geezer Grant" und Marc C bei LCS, Jim bei Canoe Inc., Lizzie bei S&X Media, Sophie bei Saatchi, Simon W bei Converse, Chris W bei Fred Perry, Nelly PTM bei Veras, Jimmy, Frase und Simon bei YMC, meine alte Vogelfreundin Karen Mason Stylist, Thom und die Jungs bei Oi Poloi, Mark „Friend in Need" Batista bei The Content Store und Matthew Sheffield Wheeler für seine Unterstützung. Karl Adamson für seine besonderen Fotos, Lisa Dyer dafür, dass sie wie immer an mich geglaubt hat, und an Charlotte Selby bei Welbeck.